KB002396

10대의
문해력을 높이는
고사성어

지혜가 재미가 교양이
통통! 솔솔! 쑥쑥!

10대의
문해력을 높이는
고사성어

이상기 편저

미래문화사
MIRAE

지혜와 교훈이 담긴 명문

한자漢字는 우리의 일상생활과 매우 밀접한 관련이 있습니다. 그래서 누구나 한자 학습의 필요성을 인정하지만, 배우기 어려운 것으로 생각해 꺼리는 경향도 있지요. 그것은 아마도 한자만이 가지고 있는 독특한 구조 때문일 것입니다. 그러나 어려움을 극복하고 나면 한자어만큼 인생의 교훈을 듬뿍 담은 언어가 없음을 알게 됩니다.

고사성어故事成語는 역사 속의 사건이 이야기로 전해 내려오면서 굳어진 명언입니다. 그중엔 우리말로 토착화土着化하여 속담으로 일컬어지는 것도 적지 않습니다.

1부에서는 역사와 관련된 것으로 대학 시험은 물론 각종 시험에 자주 출제되는 고사성어를, 2부에서는 일상생활에서 사용 빈도가 높고 널리 인용되는 실용 고사성어들을 뽑아 수록하였습니다.

부록에서는 필요에 대한 욕구(Need)뿐만 아니라 내재적인 욕구(Seed)도 충족해 주기 위해 세간世間에 자주 인용되는 의미있고 유용한 고사성어를 간추려 실었습니다. 본문에서 모자라는 부분을 메꾸는 데 크게 도움이 되리라 믿습니다.

또 우리나라에서 유래된 속담을 한자성어로 번역하여 실었으며, 이밖에 비슷하거나 틀리기 쉬운 한자를 덧붙였습니다. 이것저것 부록에 넣다 보니 양이 많아진 느낌이 없지 않지만, 한문적 지식에 꼭 필요한 부분만을 짚으려 노력했습니다.

이 책은 한문적 소양을 길러 줄 뿐 아니라 한자어에 익숙치 못한 청소년, 대학생들이 쉽게 한자에 흥미를 가질 수 있도록 배려하였습니다. 더 나아가 한문漢文 고전古典에 담긴 전통사상과 중국 역사도 폭넓게 배울 수 있을 것입니다. 이 책이 한문에 대해 친근감을 가지는 것은 물론이고 선인先人들의 사상과 가치관을 이해하는 좋은 기회가 되기를 바랍니다.

이상기

1. 시험에 자주 출제되는 고사성어

ㄴ

ㄷ

ㅂ

ㅅ

	ㅌ	

2. 일상생활에 자주 쓰이는 고사성어

|||||||||||||||||||||||||||||||||||| **ㅁ** ||||||||||||||||||||||||||||||||||||

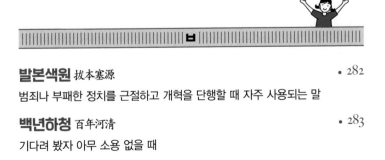

|||||||||||||||||||||||||||||||||||| **ㅂ** ||||||||||||||||||||||||||||||||||||

3. 부록

사람이 배우지 않음은 재주 없이 하늘에 오르려는 것과 같고,
배워서 멀리 알면 좋은 구름을 헤치고 푸른 하늘을 보는 것 같으며,
높은 산에 올라 사방 바다를 바라보는 것과 같다.

_《명심보감 : 권학편》

人之不學 如登天而無術
學而智遠 如披祥雲而觀青天
登高山而望四海

_《明心寶鑑 ; 勸學篇》

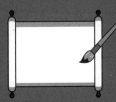

시험에 자주 출제되는
고사성어

시험에 자주 출제되는 고사성어

각주구검 刻舟求劍
새길**각** 배**주** 구할**구** 칼**검**

배에 표시를 해서 칼을 찾다. 즉 칼이 물에 빠지자 뱃전에 칼자국을 내어 표시를 해두었다가 나중에 그곳에서 칼을 찾는다는 뜻으로 융통성이 없는 어리석음을 비유한 말이다.

《여씨춘추呂氏春秋 · 찰금편察今篇》

춘추 시대 때 초楚나라 사람 하나가 조상 대대로 물려받은 칼을 소중히 껴안고 양자강을 건너게 되었다. 그런데 실수로 칼을 강 한복판에 빠뜨리고 말았다.

"아이참, 이를 어쩌지?"

그 사람은 급히 허리춤에서 주머니칼을 꺼내 방금 칼이 떨어진 위치의 뱃전에 표시를 하면서 말했다.

"내가 칼을 빠뜨린 곳은 여기다. 이제 표시를 해놓았으니까 안심이야."

얼마 후 배가 강기슭 나루터에 닿았다. 그 사람은 표시해 놓은 뱃전으로 가더니 옷을 벗고 물속으로 뛰어들어 갔다. 그리고 강 밑바닥을 샅샅이 뒤져 찾았으나 배는 이미 칼을 떨어뜨린 곳

에서 한참을 이동했기 때문에 칼이 있을 리가 없었다.

　이를 보고 사람들은 '칼은 강 가운데에 빠뜨리고 배에 표시를 해서 찾으려 한다.'면서 그의 어리석음을 비웃었다.

간담상조 肝膽相照

간**肝** 쓸개**膽** 서로**相** 비칠**照**

서로 간과 쓸개를 드러내 보여 준다는 말로, 마음을 터놓고 친하게 사귐을 비유한다.

한유韓愈의 《유자후묘지명》

중국 당唐나라 때 문인 한유韓愈는 시인 유종원柳宗元과 절친하여, 사람들이 두 사람을 가리켜 한유韓柳라 부를 정도였다.

유종원이 죽자 한유韓愈는 다음과 같이 그의 묘지명을 썼다.

'사람은 역경에 처해 있을 때 비로소 참다운 우정이 나오는 법이다. 평소에는 간과 쓸개를 꺼내어 서로 보여 줄 것 같지만 이해관계에 얽히면 원수처럼 돌변한다. 함정에 빠진 자에게 손을 내밀기는커녕 돌을 던지는 것이 요즘 세상이다.'

여기에서 '간담상조肝膽相照'라는 말이 유래했다.

改過遷善

고칠**개** 허물**과** 옮길**천** 착할**선**

지난 잘못을 뉘우치고 새롭게 착한 사람이 된다는 뜻이다.

《진서晋書 · 본전本傳》

진晉나라 혜제惠帝 때 양흠 지방에 주처周處라는 사람이 있었다. 그는 태수 벼슬을 한 아버지가 일찍 돌아가시자 방랑 생활을 하며 나쁜 짓만 골라서 했다.

그는 남달리 힘이 장사인 데다가 성격이 포악하여 걸핏하면 남을 두들겨 팼다. 마을 사람들은 그를 두려워해서 피했다. 그는 점점 외로워져 갔다. 그러던 어느 날, 그는 자신을 돌아보고 잘못을 깨달았다. 그래서 '지난 허물을 고쳐 새 사람이 되겠다.'고 결심하고 글을 익히기 시작했다. 그 후 덕과 학문을 닦아 마침내 유명한 대학자가 되었다.

개관사시정 蓋棺事始定

덮을**개** 관**관** 일**사** 시작할**시** 정할**정**

> 관 뚜껑을 덮고 난 뒤에야 모든 것을 알 수 있다는 말로 사람은 죽고 난 뒤에야 정당한 평가를 받게 된다는 뜻이다.
>
> 두보杜甫의 시 〈군불견간소혜君不見簡蘇徯〉

두보杜甫가 사천성四川省 기주夔州의 깊은 산골에서 빈곤하게 살고 있을 때였다. 그는 아직 세상에 널리 알려지지 않았기 때문에 실망과 실의에 찬 나날을 보내고 있었다. 다음은 그때 친구의 아들 소혜蘇徯라는 청년에게 보낸 글의 일부이다.

죽은 나무가 백 년 뒤에는 거문고로 쓰이게 되고

(百年死樹中琴瑟 백년사수중금슬)

한 홉 썩은 물이 교룡을 품기도 한다.

(一斛舊水藏蛟龍 일곡구수장교룡)

남아 장부는 관을 덮어야 비로소 일이 결정된다.

(丈夫蓋棺事始定 장부개관사시정)

그는 이 시에서 아무리 하찮은 물건이라도 꼭 쓰일 날이 올 것이니 실패했다고 해서 좌절하지 말라고 격려하고 있다. 바로 이 시의 한 구절이 성어가 된 것이다.

擧案齊眉

들 **거** 책상 **안** 가지런할 **제** 눈썹 **미**

> 밥상을 눈썹 위로 받들어 올린다는 말로 아내가 남편을 정성을 다해
> 시중드는 것을 뜻한다.
>
> 《후한서後漢書·일민전逸民傳》

후한後漢시대에 양홍梁鴻이란 사람이 살았다. 그는 가난했지만 절개가 곧은 선비였다. 그런데 같은 동네에 피부가 검고 몸이 뚱뚱하며 힘이 세고 못생긴 맹광孟光이란 처녀가 살았다.

그녀의 나이 서른이 되었지만 시집을 가지 못했다. 선을 볼 때마다 자신이 먼저 퇴짜를 놓았기 때문이었다. 부모가 걱정이 되어 물으면 그녀는 이렇게 대답했다.

"양홍 같은 선비라면 시집가겠습니다."

그러자 처녀의 부모가 나서서 양홍에게 청혼을 한 끝에 결혼을 시켰지만 양홍은 새색시를 거들떠보지도 않았다.

맹광이 그 연유를 묻자 양홍이 대답했다.

"나는 누더기를 입고 함께 산으로 들어가 살 여자를 원했지,

연지 곤지 바른 아름다운 여자를 원한 것이 아니었소."

그 말을 들은 그녀는 바로 무명옷으로 갈아 입고 남편을 따라 산속으로 들어가 밭을 갈고 베를 짜며 살았다.

그때서야 양홍은 '이제야 내 아내답다'고 기뻐했다.

어느 날, 양홍이 왕실을 비방하는 시를 썼다는 이유로 그들 부부는 나라에서 추방당했다. 그는 오吳나라의 백통伯通이란 명문가로 들어가서 품팔이를 하며 지냈다.

그곳에서 그들 부부는 서로의 처지를 불쌍하게 여겨 유별나게 돕고 아꼈다. 남편이 집에 돌아오면 아내는 밥상을 눈썹 높이로 들어 바치며 공경하였다. 그런 모습을 본 사람들은 금슬이 좋은 가정을 일러 '거안제미擧案齊眉'라 하였다.

백통은 양홍의 인물됨이 예사롭지 않다고 여기고 그를 귀빈으로 모셨다. 그 후 양홍은 수십 편의 책을 저술하며 고귀한 선비로서의 삶을 마쳤다.

건곤일척 乾坤一擲
하늘 **건** 땅 **곤** 한 **일** 던질 **척**

하늘과 땅을 한번에 내던진다. 즉 죽느냐 사느냐 같이 생사를 건 최후의 한판 승부를 말한다.

한유韓愈의 시 〈과홍구過鴻溝〉

'일척一擲'은 단숨에 던진다는 뜻이며 '건곤乾坤'은 하늘과 땅, 곧 천지天地를 말한다. 이 문구는 당나라의 유명한 시인 한유韓愈의 시 〈과홍구過鴻溝〉에서 유래했다.

진시황秦始皇이 죽자 모래성이 무너져 내리듯 진나라도 망했다. 그때 천하를 다투던 초楚나라의 항우項羽와 한漢나라의 유방劉邦은 휴전을 했다. 한유의 다음 시는 그때를 추억하는 내용으로 이루어져 있다.

용은 지치고 호랑이는 고달파 벌판을 가르니
(龍疲虎困割川原 용피호곤할천원)
억만의 창생이 생명을 부지하였다.
(億萬蒼生性命存 억만창생성명존)
누가 임금에게 말머리를 돌리기를 권해서
(誰勸君王回馬首 수권군왕회마수)
실로 일척에 건곤을 걸게 했는가.
(眞成一擲賭乾坤 진성일척도건곤)

한유의 눈에는 유방이 말머리를 돌린 것도 천하를 건 일대 도박으로 보였던 것이다.

結草報恩

맺을 **결** 풀 **초** 갚을 **보** 은혜 **은**

풀을 묶어서 은혜를 갚는다는 말로, 죽어서까지도 은혜를 잊지 않고
갚는 것을 뜻한다.

《춘추좌씨전春秋左氏傳》

춘추 시대 진晉나라 선공宣公 때의 일이다. 위무자魏武子에게는
첩이 있었는데, 두 사람 간에는 자식이 없었다.

어느 날, 위무자가 병석에 눕게 되자 본처와의 아들 과顆에게
말했다.

"내가 죽거든 첩을 반드시 개가시켜 다오!"

그러다가 병이 점점 위독해지자 이번에는 이렇게 말했다.

"내가 죽거든 첩을 반드시 나와 함께 순장旬葬 시켜 다오."

마침내 아버지가 죽자 과는 고민에 빠졌다. 개가를 시킬 것인
가? 아니면 순장을 시킬 것인가? 결국 과는 아버지의 애첩을 개
가시켜 주었다.

훗날, 진秦의 환공桓公이 쳐들어와 양국은 전투가 불가피하게

되었다. 과는 장군이 되어 진秦나라와 싸우게 되었다. 그때 한 백발 노인이 싸움터에 나타나 열심히 풀과 풀을 고리처럼 묶고 다녔다.

한편, 과는 진秦의 장수 두회杜回와 한참 싸우는데 상황이 불리하게 몰렸다. 그래서 과가 도망치는데 쫓아오던 두회가 노인이 묶어 두었던 풀고리에 걸려 갑자기 넘어졌다. 순간 과는 재빨리 그를 사로잡고 마침내 진秦을 대패시킬 수 있었다.

그날 밤 꿈에 그 노인이 나타나 말했다.

"나는 당신 아버지 애첩의 친정아버지 되는 사람이오. 그대가 우리 딸을 살려 주었기 때문에 내가 그 은혜를 갚은 것이오."

자신의 딸을 순장시키지 않고 개가시켜 주었으므로 풀을 묶어 그 은혜를 갚았던 것이다.

계명구도 鷄鳴狗盜

닭**계** 울**명** 개**구** 도둑**도**

닭의 울음소리를 잘 내고 개의 흉내를 잘 내어 좀도둑질을 하다. 즉 점잖은 사람이 배워서는 안 될 천한 일 또는 그러한 기능을 가진 사람을 말한다.

《사기史記·맹상군전孟嘗君傳》

제齊나라 왕족 중에 맹상군孟嘗君은 재능을 가진 사람이라면 누구라도 기꺼이 받아들였다. 심지어는 도둑질 잘하는 사람까지도 받아들였다.

어느 날, 진秦나라의 소양왕昭襄王이 맹상군을 재상으로 임명하겠다고 했다. 맹상군은 쾌히 수락하고는 식객 몇 명만 데리고 진나라로 갔다. 그러나 막상 그곳에 도착하니 진의 관리들이 반대하고 나섰다.

소양왕은 난처했다. 그를 재상으로 쓰자니 관리들이 원한을 품을 것 같고, 그렇다고 되돌려 보내자니 자신의 체면이 떨어질 것 같았다. 그래서 그를 살해해 버리기로 했다.

그런 낌새를 눈치챈 맹상군은 소양왕의 애첩을 몰래 만나 귀

국시켜 줄 것을 간청했다. 그러자 그녀가 의미심장하게 한마디
했다.

"좋소. 하지만 당신이 소양왕에게 바쳤던 것과 똑같은 선물을
나에게도 바치면 귀국시켜 주겠소."

그가 소양왕에게 바친 선물은 흰 여우의 겨드랑이 털로 짠 털
옷이었다. 그런데 그와 똑같은 옷을 구하는 것은 불가능했다.
그때 맹상군이 데리고 갔던 식객 중 한 사람이었던 좀도둑이 그
옷을 훔쳐 내겠다고 했다.

그는 밤중이 되자 개 짖는 소리를 흉내 내며 소양왕의 침실로
들어가 그 옷을 훔쳐 냈다.

그렇게 해서 맹상군 일행이 풀려나 함곡관函谷關에 이르렀을 때 소양왕의 군대가 추격해 왔다. 맹상군은 다시 큰 고민에 빠졌다. 그때 또 나선 식객이 있었다.

"주인님 걱정 마십시오. 이번엔 제가 솜씨를 보여 드리겠습니다."

그리고는 맹상군 일행이 도망쳐 국경에 다다랐을 때 그 식객이 닭 울음소리를 흉내 내었다. 그러자 근처의 닭들이 일제히 따라 울기 시작했다. 이에 문지기들이 날이 밝은 줄 알고 문을 열어 주어 맹상군 일행은 무사히 빠져나올 수 있었다.

흰 여우 옷을 훔쳐 낸 사람이나 닭 울음소리를 낸 사람은 학문도 없고 생긴 것도 초라해 비웃음을 샀지만 맹상군은 그들의 재주로 목숨을 부지할 수 있었다.

季布一諾

철계季 베포布 한일一 승낙할낙諾

계포가 한번 승낙하다. 즉 한번 말한 약속은 반드시 지킨다는 뜻이다.

《사기史記 · 계포전季布傳》

초楚나라의 계포季布는 의협심이 강하고 신중한 사람이었다.

그는 한번 "좋다"라고 약속을 하면 반드시 지켰기에 사람들은 그의 말을 신뢰하였다.

그는 항우項羽와 유방劉邦의 싸움에서 유방과 대적해야 했다. 그러나 항우가 패하고 유방이 천하를 통일하게 되자 유방은 현상금을 걸고 계포를 잡으려 했다. 하지만 아무도 그를 고발하지 않고, 도리어 유방에게 그를 받아들여 유용하게 쓰라고 천거하기까지 했다.

그런 분위기를 파악한 약삭빠르고 물욕이 많은 조구曹丘라는 자가 계포를 찾아가 말했다.

"초나라 사람들은 황금 백 냥을 얻는 것보다 당신의 한마디 승낙 받는 것(季布一諾)이 낫다고 합니다. 때문에 지금 당신의 이름은 양梁나라와 초楚나라에 널리 알려져 있습니다. 그런데 제가 당신을 더 선전하고 다니면 당신은 천하의 큰 인물로 모든 나라에 알려질 것입니다."

계포는 나쁜 일이 아니라는 생각이 들어 조구를 반가운 손님으로 극진히 대접했다. 그렇게 해서 계포의 이름이 더욱 유명해지자 유방도 그를 받아들여 중용했다.

고굉지신 股肱之臣

넓적다리 **고** 팔뚝 **굉** 어조사 **지** 신하 **신**

임금이 자신의 다리와 팔뚝처럼 소중히 여기는 신하라는 말로, 가장 신임하는 신하를 가리킨다.

《서경書經·익직편益稷篇》

순舜임금이 신하들에게 자신을 잘 보좌하여 나랏일에 힘써 줄 것을 당부한 말에서 비롯되었다.

"그대들은 짐의 팔다리(股肱)이며, 눈과 귀로다. 내가 백성들을 잘 보살피고자 하니 그대들도 신하로서 나를 힘써 도와 달라. 내가 지나치게 위엄을 떨치려 하거든 그대들이 대신해 주고, 나에게 어긋남이 있을 때에는 그대들이 바로잡아 달라. 내 앞에서 순종하는 척하고 뒤에서 이러저러한 쓸데없는 소리를 하지 말고 그 자리에서 직접 충고해 달라.

또한 전후좌우의 동료들과 서로 공경하며 예의에 어긋남이 없도록 하라. 관리들은 백성들의 뜻을 나에게 전하는 것이 임무이니 올바른 이치를 세상에 크게 선양토록 할 것이며, 잘못을

뉘우치는 자가 있으면 받들어 등용하고, 그렇지 않은 자에겐 철
퇴를 가해 나라의 위엄을 보이도록 하라."

　순임금은 이러한 정신으로 나라를 경영하여 위대한 업적을
남길 수 있었다. 후대의 통치자들도 그러한 모습을 본받아 정치
를 구현하기 위해 심혈을 기울였다.

고복격양 鼓腹擊壤

두드릴 **고** 배 **복** 칠 **격** 흙덩이 **양**

배를 두드리고 땅을 치며 노래한다는 뜻으로 백성들이 태평세월을 누리는 것을 말한다.

《사기史記·오제본기五帝本紀》

요堯임금이 천하를 통치한 지 50년이 지난 어느 날, 민심을 살피기 위해 평복을 입고 거리로 나갔다.

그때 한 백발노인이 입에 음식을 넣고 우물거리면서 격양 놀이(옛날 중국에서 하던 놀이의 하나)를 하고 있었다. 그는 배를 두드리고 땅을 치며 박자를 맞추면서 흥겹게 노래를 불렀다.

해 뜨면 들에 나가 일하고 해 지면 집에 돌아와 쉰다.

(日出而作 日入而息. 일출이작 일입이식)

우물을 파서 마시고 밭을 갈아서 배를 채우니

(鑿井而飮 耕田而食 착정이음 경전이식)

내가 살아가는 데 임금의 덕이 다 무엇하리요.

(帝力何有 於我哉 제력하유 어아재)

　노인의 노래를 들은 요임금은 비로소 안심했다. 백성들이 임금의 정치를 잊을 정도라면 아무런 불만 없이 자기들의 생활을 즐기고 있다는 증거였다.

　이처럼 요임금의 재위 76여 년은 평화로웠다.

高枕安眠

높을 **고** 베개 **침** 편안할 **안** 잠잘 **면**

베개를 높이 베고 잠을 편안하게 잔다는 말로, 아무런 근심 걱정이 없이 잘 지내고 있는 상태를 말한다.

《사기史記 · 장의열전張儀列傳》,《전국책戰國策》

전국 시대 중엽 소진蘇秦과 장의張儀가 종횡가縱橫家(합종책과 연횡책을 논한 일파)로 활약하고 있었다.

소진은 한韓, 위魏, 조趙, 연燕, 제齊, 초楚 등 여섯 나라의 재상을 겸임하면서 자신의 주도 아래 합종책合從策(약한 나라끼리 연합하는 정책)으로 강대국 진秦나라에 대항하고자 했다.

그러나 장의는 진나라의 재상으로 있으면서 연횡책連衡策(진나라가 주동이 되어 여섯 나라와 각각 동맹을 맺음)으로 합종책에 맞섰다.

진의 혜문왕惠文王 10년, 장의는 위魏나라를 침략하여 정벌하고 애왕哀王에게 연횡책에 따를 것을 권했다. 그러나 받아들여지지 않자 본보기로 한韓을 토벌하여 8만의 군사를 몰살시켜 나머지 다른 제후들을 떨게 했다. 그리고 나서 다시 애왕을 설득했다.

"위나라는 작은 나라입니다. 그러면서 남쪽은 초楚와, 서쪽은 한韓과, 동쪽은 제齊와, 북쪽은 조趙와 접경하여 열강들 틈에 끼어 있어 자칫 전쟁터가 될 수도 있습니다. 게다가 어느 나라와 손을 잡아도 다른 나라의 원한을 사게 되어 있습니다. 만일 진나라를 받아들이지 않으면 진은 한과 함께 당신네 나라를 공격할 것입니다. 만약 당신네 나라가 우리 진나라를 받아들이면 초와 한은 두려워 움직이지 않을 것입니다. 그렇게 해서 걱정이 없어지면 당신은 베개를 높이 베고 누울 수 있을 만큼(高枕安眠), 모든 근심이 없어질 것입니다."

위의 애왕은 할 수 없이 장의의 말대로 진나라와 화친을 청했는데 결국 복종과 다름없었다.

곡학아세 曲學阿世
굽을 **곡** 배울 **학** 아첨할 **아** 세대 **세**

학문의 도리를 굽히고 아첨하다. 배운 대로 정의를 행하지 않고 출세에 눈이 어두워짐을 충고한 말이다.

《사기史記 · 유림열전儒林列傳》

원고생轅固生은 전한前漢 효경제孝景帝 때의 학자였다.

그는 아흔을 넘긴 고령으로 학문이 깊어 박사博士라는 벼슬을 했는데 두려움 없이 바른 말을 잘하기로 유명했다.

무제武帝가 원고생을 등용하려 하자 그에 반대하는 무리들이 그의 험담을 늘어놓았다. 그러나 무제는 그들의 말을 물리치고 공손홍公孫弘과 원고생을 함께 등용하였다.

공손홍은 원고생이 늙었다는 이유로 그를 깔보았다. 원고생은 이에 개의치 않고 이렇게 말했다.

"공손자는 부디 자기가 믿는 학문을 구부려 세상의 속물들에게 아부하지 말게나(公孫子 務正學以言 無曲學以阿世). 지금 학문은 정도正道가 어지러워 속설俗說이 유행하고 있네. 이대로 가면 결국

사설邪說로 인해 본연의 정도가 무너질 걸세. 자네는 학문을 좋아하는 선비로서 올바른 학문을 펼쳐 나가기를 바라네."

이 말을 들은 공손홍은 비로소 원고생의 훌륭한 인격과 풍부한 학식에 크게 감동받았다. 그래서 자신의 불손을 뉘우치고 그의 제자가 되었다.

管鮑之交

대롱 **관** 절인고기 **포** 어조사 **지** 사귈 **교**

관중과 포숙아의 사귐이라는 말로, 서로 믿고 이해하는 친밀하고 두터운 교우관계를 뜻한다.

《사기史記 · 관중열전管仲列傳》

춘추 시대 관중管仲과 포숙아鮑叔牙는 오랜 친구 사이였다.

둘은 함께 장사를 하였는데 이익을 나눌 때에는 늘 관중이 많은 몫을 차지했다. 그러나 포숙은 관중의 집안이 가난한 것을 알았기 때문에 개의치 않았다.

또 관중은 몇 번씩 벼슬에 올랐으나 그때마다 쫓겨났다. 그러나 포숙은 관중을 무능하다고 생각지 않았다. 사람에게는 생각이 잘 풀릴 때와 풀리지 않을 때가 있음을 알고 있었기 때문이었다.

또한 관중이 세 번 전쟁터에 나가 그때마다 도망쳐 왔을 때에도 겁쟁이라고 여기지 않았다. 관중에게 노모가 계신 것을 알고 그의 마음을 이해했던 것이다. 훗날, 관중은 매우 훌륭한 재상이 되었다.

관중은 제齊나라 규糾의 측근이었고, 포숙아는 규의 이복동생 소백小白의 측근이었다. 그런데 규와 소백의 아버지가 시해되자 관중은 규와 함께 노魯나라로, 포숙아는 소백과 함께 거나라로 망명하게 되었다.

그 결과 왕권을 놓고 관중이 모시던 규와 포숙아가 모시던 소백이 다투게 되었다. 결국 포숙아가 모시는 소백이 승리하여 제나라의 환공桓公이 되었다.

환공은 왕위에 오르자 규를 죽인 후, 자기를 암살하려던 관중의 목도 베려고 했다. 이때 포숙아가 환공에게 말했다.

"천하의 패자가 되시려면 관중을 기용하십시오. 그는 유능한 사람입니다."

이렇게 해서 관중은 대부大夫로 중용되었고, 마침내 재상이 되었다. 훗날 관중은, "나를 낳아 준 분은 부모님이지만, 나를 알아준 사람은 포숙이다(生我者父母 知我者鮑叔牙)."라고 회고하였다.

세상 사람들은 관중의 현명함보다 오히려 포숙아의 사람을 정확하게 알아보는 지혜로운 눈을 칭찬하였다.

괄목상대 刮目相對

비빌**괄** 눈**목** 서로**상** 대할**대**

눈을 비비고 상대를 다시 보다. 상대의 학식이나 재능 등이 깜짝 놀랄 정도로 향상됨을 일컫는 말이다.

《삼국지三國志 · 여몽전呂蒙傳》

오吳나라 손권孫權의 부하 중에 여몽呂蒙이라는 장수가 있었다. 그는 매우 무식한 사람이었으나 전쟁에서 세운 공으로 장군까지 승진할 수 있었다.

하루는 손권이 그를 불러 이제는 장군이 되었으니 수하에게 만 의지하지 말고 직접 병법을 공부하라고 충고했다. 이에 여몽은 굳은 결심 아래 꿈에서 깨어난 듯 손에서 책을 놓지 않고(手不釋卷) 학문에 정진했다.

얼마 후, 뛰어난 학식을 가진 노숙魯肅이 여몽과 의논할 일이 있어서 그를 찾아갔다. 그리고 그와 이야기를 나누는 중에 그의 박식함에 깜짝 놀랐다.

"언제 그렇게 학문을 익혔는가? 예전의 여몽이 아니로군."

여몽이 대답했다.

"선비는 헤어진 지 사흘이 지나면 눈을 비비고 다시 대할 정도로 달라져 있어야 하는 법일세(士別三日卽更刮目相對)."

膠柱鼓瑟

아교 膠 기둥 柱 북 鼓 악기이름 瑟

비파나 거문고를 기둥에 풀로 붙여 놓고 연주한다는 말로, 변통을 모르는 고집불통의 사람을 비유하는 말이다.

《사기史記·염파인상여열전廉頗藺相如列傳》

진秦나라가 조趙나라를 침공하자 조나라 왕은 조사趙奢의 아들 조괄趙括를 대장으로 삼아 막게 했다. 조괄이 어려서부터 아버지가 읽던 병서를 탐독해서 병법에 밝기는 했으나 그의 이론은 경험에 바탕을 둔 것이 아니기 때문에 실전에는 적합하지 않았다. 그래서 조괄의 어머니는 왕에게 그의 임명을 취소해 달라고 사정했다.

한편, 진나라는 먼저 군사를 일으켜 조나라를 침공했으나 싸움에서 불리해지자 첩자를 조나라에 들여보내 헛소문을 퍼뜨렸다.

"진나라에서는 조괄이 대장이 되면 어쩌나 하고 겁을 먹고 있다. 그러나 지금의 대장 염파廉頗는 늙어서 두려워하지 않는다."

조나라 왕은 이 유언비어를 믿고 염파 대신 조괄을 대장으로 임명했다. 그러자 인상여藺相如가 극력 반대하고 나섰다.

"조괄을 대장으로 임명하시는 것은 마치 거문고를 기둥에 풀로 붙여 놓고 연주하는 것과 같습니다(若膠柱而鼓瑟耳). 조괄은 학자일 뿐 전투에 대해서는 아는 것이 없고, 상황에 맞추어 융통성 있게 대처할 줄도 모릅니다."

그러나 왕은 인상여의 말을 듣지 않았다.

조괄은 대장으로 부임하자 곧바로 군령을 뜯어고치고, 참모들의 조언을 무시한 채 자기 주장대로 밀고 나갔다. 그 결과 조나라의 40만 대군은 하루아침에 참패를 당했고, 조괄도 전사하고 말았다.

세상일은 이론이나 원칙만으로 되지 않는다. 융통성 있는 대처 능력이 필요한 것이다. 학벌이나 지식만을 뽐내는 애송이 상관을 모시는 경험자들의 고통을 짐작케 하는 대목이다.

狡兔死良狗烹

교활할 교(狡) 토끼 토(兔) 죽을 사(死) 좋을 량(良) 개 구(狗) 삶을 팽(烹)

교활한 토끼가 잡히면 충실한 사냥개가 주인에게 삶아 먹힌다는 말로, 쓸모가 없어지면 가차 없이 처단해 버린다는 뜻이다. 일반적으로 '토사구팽兔死狗烹'이라고 줄여서 쓴다.

《사기史記·회음후열전淮陰侯列傳》

초패왕楚覇王 항우項羽가 망하고, 천하는 한漢나라 유방劉邦에게로 돌아가니 그가 제위에 올라 한고조漢高祖가 되었다.

유방은 그 과정에서 공적이 큰 한신韓信을 초나라 왕으로 봉했다.

한신 밑에는 항우의 부하로 활약했던 종리매鐘離昧가 있었다.

061

종리매는 지략이 뛰어나 과거 전투에서 여러 차례 유방을 괴롭혔다. 때문에 유방은 한신에게 그를 체포해 압송하라는 지시를 내렸다.

그러나 유방은 차마 친구를 사지에 보낼 수 없어 차일피일 미루고 있었다. 그러자 사람들이 '한신이 종리매와 손을 잡고 모반하려고 한다.'고 모함했다.

이에 유방은 진평陳平과 상의해서 신중을 기했다.

그때 한신에게 아첨하는 간신이, "종리매의 목을 가지고 한고조를 배알하면 만사가 좋게 될 것입니다."라고 말했다.

한신이 그 말을 그대로 종리매에게 전하자 종리매가 말했다.

"지금 고조가 초를 침략하지 못하는 것은 자네 밑에 내가 있기 때문이네. 그런데 자네가 나를 죽여 고조에게 준다면 자네도 얼마 안 가서 나처럼 당하고 말걸세. 자네는 정말 한심한 일을 생각했군. 좋아 내가 죽어 주지." 하고는 스스로 자결했다.

한신은 종리매의 목을 가지고 유방에게로 갔다. 그 결과 한신은 모반자라는 죄목으로 체포되고 말았다. 그는 분통이 터져 이렇게 울부짖었다.

"교활한 토끼를 다 잡으니 이번엔 충실한 사냥개가 삶기는구나 (狡兎死良狗烹)."

구밀복검 口蜜腹劍

입구 꿀밀 배복 칼검

입속에는 꿀을 머금고 뱃속에는 칼을 품었다는 말로, 친한 체하면서
마음속으론 악한 생각을 품고 있다는 뜻.

《신당서新唐書》

당唐나라 현종 때 이림보李林甫라는 재상이 있었다.

그는 글과 그림 재주가 뛰어났는데, 그런 재주로 현종을 꼬여
정치를 등한히 하게 만들었다. 그러고는 갖은 아첨을 다하여 19
년 동안이나 높은 자리에 있으면서 영화를 누렸다.

그때 현종은 미녀 양귀비에 빠져 정사를 소홀히 했다. 그 틈에 이림보는 권력을 완전히 장악하고 자신의 반대 세력을 가차 없이 제거했다.

그는 반대 세력을 제거하면서 입으로는 달콤한 말로 칭찬하고 뒤에 가서는 음모를 꾸미는 수법을 썼다. 그를 두고 사람들은 말했다.

"그는 입으로는 꿀 같은 말을 하지만 뱃속에는 무서운 칼을 품고 있다(口蜜腹劍)."

그는 겉으로 보기에는 충신 같았지만 속마음은 여우보다 교활한 사람이었다.

구우일모 九牛一毛

아홉**구** 소**우** 한**일** 털**모**

> 아홉 마리 소 가운데에서 뽑은 한 개의 털이란 말로 극히 작은 것을
> 뜻한다.
>
> 《문선文選》, 《한서漢書·보임안서報任安書》

한漢나라 6대 황제인 무제武帝 때의 일이다.

당시 한나라는 10배가 넘는 흉노匈奴족과 싸우다 어쩔 수 없
이 투항한 이릉李陵 장군의 처벌 문제를 놓고 논의 중이었다.

이릉이 전사한 줄 알았던 무제는 그가 흉노족들에게 투항하
여 후대를 받고 있다는 소식에 크게 노하여 일족을 참형하라는
명령을 내렸다. 그러자 태사령太史令이었던 사마천司馬遷이 이릉
을 변호하고 나섰다.

"이릉은 5천의 병력으로 8만의 적군과 혈전을 벌인 끝에 어쩔
수 없이 항복한 것입니다. 또 그가 투항한 것은 훗날 황은皇恩에
보답하기 위한 고육책苦肉策이었을 것입니다."

무제는 화가 나서 사마천을 궁형宮刑(생식기를 자르는 형벌)에 처했다.

사마천은 이때의 심정을 친구 임소경任少卿에게 다음과 같이 술회했다.

"내가 법에 따라 사형을 받는다 해도 그것은 한낱 아홉 마리의 소 중에서 한 개의 털이 뽑히는 것에 불과할 것이다(九牛之一毛). 그러니 나 같은 존재는 땅강아지나 개미 같은 존재와 무엇이 다르겠는가? 세상 사람들은 나의 죽음을 절개를 위한 것이라기보다는 큰 죄를 지어서 죽은 것으로 여길 것이다."

사마천이 이처럼 수모를 당하면서까지 살려고 했던 이유는 태사령이었던 아버지 사마담司馬談으로부터 통사通史를 기록하라는 유언을 받고 《사기史記》를 집필 중이었기 때문이었다. 그는 사서史書 130권의 명저를 남겼다.

군자삼락 君子三樂

군자**군** 아들**자** 석**삼** 즐거울**락**

군자의 세 가지 즐거움이라는 말로 인생삼락이라고도 한다.

《맹자孟子 · 진심장구盡心章句》

《맹자孟子》의 〈진심편盡心篇〉에 다음과 같은 구절이 있다.

'군자에게는 세 가지 즐거움이 있다. 그러나 천하를 다스리는 왕은 이 세 가지 속에 들어 있지 않다. 부모가 모두 살아 계시고 형제가 무고한 것이 첫째 즐거움이요, 하늘을 우러러 부끄러움이 없고 사람을 굽어보아도 부끄럽지 않음이 둘째 즐거움이며, 천하의 영재를 얻어 교육하는 것이 셋째 즐거움이다(君子有三樂 而王天下 不與在焉 父母俱存 兄弟無故 一樂也 仰不愧於天 俯不怍於人 二樂也 得天下英才 而教育之 三樂也 君子有三樂 而王天下 不與在焉).'

한편 공자孔子는 《논어論語》에서 '손해가 되는 즐거움 세 가지'로, 방자한 즐거움(驕樂교락), 방탕한 즐거움(佚樂질락), 주연의 즐거움(宴樂연락)을 들었다.

권토중래 捲土重來

걸을 권 捲　흙 토 土　무거울 중 重　올 래 來

흙먼지를 날리며 다시 찾아온다는 말로, 한 번 실패한 사람이 분발하여 세력과 힘을 되찾는다는 뜻이다.

두목杜牧의 시 〈제오강정題烏江亭〉

한왕漢王 유방劉邦과 초왕楚王 항우項羽가 천하를 놓고 벌인 초한전楚漢戰은 5년이나 걸렸다. 항우가 인솔하는 군사들은 총 8천 명 정도였는데, 그와 숙부 항량項梁이 오중吳中 일대에서 모집한 군사들이었다. 그들은 진秦의 도읍都邑 함양咸陽에 입성해서 닥치는 대로 약탈과 살육을 일삼았다.

그러나 종래에는 유방의 군대에게 패주敗走를 거듭한 끝에 마침내 해하垓下에서 포위당하고 말았다. 유명한 사면초가四面楚歌란 말도 여기서 나왔다.

항우가 가까스로 포위망을 뚫고 도망쳐 나왔을 때는 고작 28명의 부하들만 살아남았다. 일행이 오강烏江에 이르렀을 때 정장亭長이 말했다.

"후일을 기약하시려면 지금 빨리 배를 타십시오."

하지만 항우는 그의 호의를 거절했다.

"8천 명으로 이 강을 건넜는데 겨우 나 혼자 살아 돌아가게 된다면 내가 무슨 면목으로 그들의 부모를 뵐 수 있겠는가!"

그는 최후까지 싸우다가 한의 여마동呂馬童 장군이 보이자 "내 목에 황금 천 근과 고을 만 호를 걸었다니 어서 나의 머리를 가져가게." 하면서 자결했다. 그의 나이 31세 때였다.

이로부터 천 년이 지나 당唐나라의 시인 두목杜牧이 오강을 여행하다가 항우의 비참한 최후에 감회가 깊어서 시 한 수를 남겼다.

승패는 병가도 알 수 없는 것

(勝敗兵家不可期 승패병가불가기)

수치를 참는 자가 진정한 남아

(包羞忍恥是男兒 포수인치시남아)

강동의 자제 중엔 인걸이 많았거늘

(江東子弟多英俊 강동자제다영준)

흙먼지를 일으키며 다시 왔으면 승패를 알 수 없을 터인데.

(捲土重來未可知 권토중래미가지)

금슬상화 琴瑟相和

거문고**금** 거문고**슬** 서로**상** 화할**화**

거문고의 음률이 서로 잘 화합하다. 부부 사이가 좋다는 뜻으로 쓰인다.

《시경詩經·소아小雅》

《시경詩經》의 〈소아小雅·상체편常棣篇〉에서 처자妻子의 화합和合이 금슬琴瑟을 뜯는 것 같다는 데서 유래했다.

아내와 자식이 화합한 것은

(妻子好合 처자호합)

마치 거문고를 뜯는 듯해야 하고

(如鼓琴瑟 여고금슬)

형제는 모두 모여 있어야

(兄弟歸翕 형제귀흡)

화락이 더욱 오래 가리라.

(和樂且湛 화락차담)

《시경》의 〈관저關雎〉 3연에 '요조스런 숙녀를 금슬로서 벗한다 (窈窕淑女 琴瑟友之).'라는 대목이 있다. 조용하고 얌전한 처녀를 아내로 맞아 거문고를 타는 듯 서로 사이 좋게 지낸다는 뜻이다.

'금슬'은 거문고와 비파를 말하는 것으로, 음률이 아름다워서 화합이 잘 이루어지는 것을 비유한다.

흔히 사랑이 좋은 부부를 금슬, 즉 거문고 음률에 빗대는데 이는 거문고 소리가 아름답기 때문이다.

기호지세 騎虎之勢

말탈 **기** 호랑이 **호** 어조사 **지** 세력 **세**

호랑이를 타고 가는 형세. 즉, 호랑이를 타고 가다가 도중에 내리게 되면 잡아먹히고 만다는 뜻으로, 일을 시작한 이상 도중에 중지해서는 안 된다는 말이다.

《수서隋書 · 독고황후전獨孤皇后傳》

수隋나라 문제文帝 양견楊堅의 황후 독고씨獨孤氏가 남편을 격려하는 말에서 유래했다.

남북조 시대 말엽, 북조 최후의 왕조인 북주의 선제宣帝가 죽고 뒤를 이어 어린 나이의 정제靜帝가 등극하자 재상 양견이 모반을 계획했다. 이를 눈치챈 그의 아내 독고씨가 말했다.

"힘차게 달리는 호랑이 위에 올라탄 이상 도중에서 내릴 수는 없습니다. 만약 도중에 내리면 호랑이에게 잡아먹히고 말 것입니다(大事己然 騎虎之勢 不得下 勉之). 부디 끝까지 달려 목적을 이루도록 하십시오."

이렇게 하여 양견은 정제를 밀어내고 수隋나라의 시조 문제가 되었다.

독고씨는 남편을 황제로 만들 만큼 영리하기도 했지만 지나치게 정치에 관여해 조정에 두 성(二聖), 즉 두 천자(二天子) 있다고 했다.

그녀는 질투가 심해 문제로 하여금 후궁을 못 보게 했는데, 한번은 문제가 후궁의 손을 잡자 남편이 조회에 나간 틈을 타 그 후궁을 죽여 버리기도 했다.

기화가거 奇貨可居

기이할 **기** 재물 **화** 옳을 **가** 살 **거**

기이한 보화를 차지하다. 즉, 진기한 물건을 사두면 나중에 큰 이익을
볼 만큼 투자 가치가 충분히 있다는 말이다.

《사기史記 · 여불위열전呂不韋列傳》

공자의 수제자 중에 자공子貢이라는 사람은 물건이 쌀 때 사
두었다가 비쌀 때 내다 파는 방법으로 재벌이 되었다.

또한 한韓나라의 거상巨商 여불위呂不韋는 소금과 비단 장사로
거부가 되었다.

여불위가 조趙나라의 도읍 한단邯鄲에 들렀다가 인질로 와 있던 진秦나라의 소양왕昭襄王의 손자 자초子楚를 알게 되었다. 장사의 천재였던 그는 첫눈에 자초의 값어치를 꿰뚫어 보았다.

"기이한 보배로군. 투자해 볼 만한데(奇貨可居)."

여불위는 어렵게 사는 자초를 찾아가 말했다.

"소양왕도 이젠 나이가 많아서 머지않아 당신의 아버지이신 안국군安國君께서 왕이 되실 겁니다. 그러나 본부인 화양 부인華陽夫人과는 자식이 없습니다. 그러니 귀공까지 합해 20여 명의 서자庶子분들 중에서 한 분을 태자太子로 택하게 될 것입니다. 내가 당신이 태자로 책봉되도록 노력하겠습니다."

그러자 자초가 그에 동의하여 굳게 약속했다.

"그리만 해준다면 그대와 함께 진나라를 다스리도록 하겠소."

여불위는 화양 부인에게 선물로 환심을 사서 자초를 아들로 입양시켜 안국군의 후사를 잇게 하는 데 성공했다. 그리고 조희趙姬라는 애첩에게 자신의 씨앗을 뿌려 회임시킨 뒤 자초에게 시집보냄으로써 종래에는 자기의 핏줄이 왕좌에 앉게 하니, 그가 바로 유명한 진시황秦始皇이다. 그러나 훗날 아이러니하게도 그는 자기의 아들인 진시황에게 죽임을 당한다.

낙양지가귀 洛陽紙價貴

물**락** 볕**양** 종이**지** 값**가** 귀할**귀**

낙양의 종이 값이 오른다는 말로, 어떤 물건이나 일의 가치가 오르는 것을 뜻한다.

《진서晉書·문원전文苑傳》

진晉나라 좌사左思는 얼굴이 추하고 재주도 없는 데다 말까지 더듬었다. 그래서 그는 방 안에 틀어박혀 오로지 창작에만 몰두해 《삼도부三都賦》를 지었다.

이 책은 삼도三都, 즉 삼국 시대 위魏나라의 도읍인 업鄴과 촉蜀나라의 도읍인 성도成都와 오吳나라의 도읍인 건업建業(남경南京)의 풍물을 아름답게 묘사한 책이다.

당시 장화張華라는 대시인이 있었는데 그는 이 책을 읽고 무릎을 치면서 감탄했다.

이때부터 그의 《삼도부》는 일약 유명해져 낙양을 비롯한 전국이 그 책 이야기로 가득 차게 되었다.

아직 인쇄술이 발달하지 못했던 시대였으므로 종이를 사서 이 사람 저 사람 베껴 읽음으로써 종이가 바닥이 날 정도였다. 그 바람에 낙양(洛陽)의 종이가 귀하게 되어 값이 폭등했다.

그래서 '낙양의 종이 값이 올랐다(洛陽紙價貴)'라고 했다.

난의포식 暖衣飽食
따뜻할 난 옷 의 배불리먹을 포 먹을 식

따뜻한 옷과 풍부한 음식이라는 말로, 생활에 어려움이 없고 풍요롭다는 뜻으로 쓰인다.

《맹자孟子 · 등문공편滕文公篇》

맹자孟子가 등문공滕文公의 초빙을 받아 등나라로 가서 그에게 주周나라의 정전법井田法을 실시하여 이상적인 국가를 건설할 것을 권했다.

그때 묵자墨子의 영향을 받아 중농주의자가 된 송宋나라의 허행許行이 그곳에 와서 자급자족自給自足의 경제 정책을 펴고 있었다.

그런데 그의 제자 진상陳相이 맹자에게 등나라 왕도 백성들처럼 손수 농사를 지어야 한다고 주장하였다.

맹자는 인간의 생활은 분업分業을 하는 것이므로 농사짓는 사람과 다스리는 사람은 엄연히 구분되어야 한다고 하면서 이렇게 말했다.

"후직后稷이 백성들에게 오곡을 심고 거두는 방법을 가르쳐 백성들이 잘살게 되었네. 그러나 사람들에게는 도가 있으니, 배불리 먹고 따뜻하게 입고 편안하게 산다 해도 가르침이 없으면 새나 짐승에 가까워지게 되는 것일세. 성인께서 이것을 또 근심해서 인륜으로써 백성들을 가르치게 하였으니, 이른바 오륜五倫(부자유친父子有親, 군신유의君臣有義, 부부유별夫婦有別, 장유유서長幼有序, 붕우유신朋友有信)이 그것이네."

難兄難弟

어려울 **난** 맏 **형** 어려울 **난** 아우 **제**

누가 형이고 누가 아우인지 구분하기 어렵다. 어느 편이 더 우수한지, 우열을 구별하기가 힘든 경우를 말한다.

《세설신어世說新語 · 방정편方正篇》

후한後漢 때 현령 진식陳寔은 아들 진기陳紀(자는 원방元方)와 진심陳諶(자는 계방季方)과 함께 삼군三君이라 불릴 정도로 덕망이 높았다.

하루는 진심의 아들과 진기의 아들이 서로 자기 아버지가 더 훌륭하다고 입씨름을 벌이다가 할아버지 진식에게 그 답을 물었다.

진식은 여간 난감하지 않았다. 둘 다 뛰어난 인물들이었기 때문이었다. 그래서 어정쩡하게 말했다.

"원방을 형이라 하기 어렵고, 계방을 동생이라 하기도 어렵구나(元方難爲兄 季方難爲弟)."

남가일몽 南柯一夢

남녘 **남** 가지 **가** 한 **일** 꿈 **몽**

> 남쪽으로 뻗은 나뭇가지의 밑에서 꾼 꿈이란 말로, 허황된 꿈. 즉 부귀영화가 교차하는 덧없는 인생을 말한다.
>
> 이공좌李公佐의 《남가기南柯記》

당唐의 덕종德宗 때 광릉廣陵의 순우분淳于棼이란 사람이 어느 날, 술에 취해서 집 앞에 있는 나무의 남쪽 가지 밑에서 잠시 낮잠을 잤다. 꿈속에 두 사나이가 나타나 말했다.

"괴안국槐安國 왕의 명을 받들어 당신을 모시러 왔습니다."

순우분은 그들을 따라 느티나무의 구멍 속으로 들어가 괴안국 왕을 만났다. 괴안국 왕은 공주를 아내로 주며 말했다.

"지금 남가군南柯郡의 정치가 잘못되어 가고 있는데 그대가 태수太守가 되어 다스려 주시오."

순우분은 남가군으로 가서 20년 동안 잘 다스렸다. 모두들 그의 덕망을 칭송하고 있을 때 단라국檀羅國이 쳐들어왔다.

순우분은 싸움에도 패배하고 아내도 죽자 태수직을 사퇴하고 시골로 내려갔다. 그런데 그곳에서도 그의 덕망이 높아 귀족들이 다투어 교제를 원했고, 권세도 날로 높아졌다. 그러자 그를 중상모략하는 무리들이 나타나 그곳에서 쫓겨났다.

순간, 잠에서 깨어나 보니 그는 느티나무 밑에서 자고 있었다. 그런데 느티나무 밑에 구멍이 하나 보였다. 성城 모양의 개미집이었는데 머리가 붉은 큰 개미 주위를 수많은 개미들이 지키고 있었다. 바로 대괴안국大槐安國의 왕궁이었다.

그날 밤 폭풍우가 지나갔다. 순우분이 아침에 다시 보니 개미들은 흔적마저 보이지 않았다. 너무나도 허망한 꿈이었다.

그는 이 꿈으로 인생의 허무함을 깨닫고 술을 금하고 몸을 조심했다.

남상 濫觴

넘칠 **람** 술잔 **상**

> 술잔이 넘치다. 즉 큰 배를 띄우는 강물도 그 시작은 겨우 술잔이 넘칠 정도의 적은 물이라는 말로 일의 시초, 근원을 말한다.
>
> 《순자荀子·자도편子道篇》

공자孔子의 제자 중에 자로子路가 있었다. 어느 날 그가 화려한 옷을 입고 공자 앞에 나타났다. 자로는 평소 사려가 깊고 실천적인 사람이었다. 공자가 조용히 충고했다.

"양자강楊子江은 사천 땅 민산岷山 오지에서 발원한 큰 강이다. 그러나 그런 강도 그 첫 물줄기는 겨우 술잔이 넘칠 정도로 작다. 그런데 물이 하류로 내려갈수록 점점 많아지면서 배를 타지 않고는 강을 건널 수 없게 된다. 바람이라도 불면 그 배조차 띄울 수 없다.

지금 네가 화려한 옷을 입고 있는 것은 작은 일에 불과하다. 그러나 그것이 헛된 낭비의 시작이 될까 봐 염려된다."

자로는 즉시 검소한 옷으로 바꾸어 입었다.

모든 일과 행동의 시초는 매우 미미하게 시작되나 나중엔 손도 댈 수 없을 정도로 크게 변화할 수 있음을 경고한 것이다.

 南 風 不 競

남녘**남** 바람**풍** 아닐**불** 다툴**경**

> 남방 지역의 풍악은 경쟁력이 없다는 말로, 기세를 떨치지 못할 때를
> 비유하는 말이다.
>
> 《춘추좌씨전春秋左氏傳》

춘추 시대 때 진晉나라를 중심으로 노魯나라, 위衛나라, 정鄭나라가 연합군을 결성하여 제齊나라를 공격하게 되었다. 정나라의 자공子孔은 그 기회를 이용하여 초楚나라 군대를 끌어들여 반역을 모의했다. 그렇게 해서 초나라 군대가 출동했다는 소문이 진나라에 퍼지자 정나라의 다른 장수들이 수비를 튼튼히 해 그들을 물리쳤다. 이에 진의 악관樂官 사광師曠이 노래했다.

"나는 전부터 남방(초나라)의 노래와 북방의 노래를 연구했는데, 남방의 음조는 미약해서 조금도 생기가 없으며 박력이 없다(南風不競死聲多). 그러므로 초나라는 분명히 망할 것이다."

이 말에서 '남풍불경南風不競'이란 성어가 유래했다.

낭중지추 囊中之錐

자루**낭** 가운데**중** 어조사**지** 송곳**추**

주머니 속에 든 송곳이라는 말로, 능력과 실력이 있는 사람은 많은 사람 중에 섞여 있을지라도 드러나기 마련이라는 의미이다.

《사기史記 · 평원군열전平原君列傳》

조趙나라의 평원군平原君 조승趙勝은 혜문왕惠文王의 동생으로 사람이 현명하고 빈객賓客을 좋아하여 수천 명의 식객食客을 거느리고 있었다. 진秦나라의 공격을 받은 혜문왕은 동생을 초楚나라에 사신으로 보내 구원병을 요청하기로 했다.

조승은 식객 20명을 골라서 데리고 갈 계획이었다. 그러나 19명까지는 선발했는데 1명을 뽑지 못했다. 이때 모수毛遂라는 자가 자청自請하고 나섰다. 조승은 그의 존재를 알지 못했기 때문에 물었다.

"그대는 내 집에 머문 지 몇 년이나 되었소?"

"3년입니다."

"재능이 뛰어난 사람은 주머니 속에 든 송곳처럼 남의 눈에 띄는 법이오. 그런데 그대는 그동안 한 번도 내 눈에 띈 적이 없었으니 이것은 그대가 무능하다는 증거요. 그러니 그냥 집에 머물러 있으시오."

그러나 모수는 굽힘이 없이 당당하게 말했다.

"그러니까 오늘 저를 주머니 속에 넣어 주십시오. 그러면 반드시 제 끝을 드러내 보이겠습니다."

보통 배짱이 아니라고 여긴 조승은 그를 데리고 가기로 했다. 가는 도중 19명의 식객들 모두 모수를 경멸하고 거들떠보지도 않았다. 그러나 막상 초나라에 도착하여 토론이 벌어지자 그를 당해 내는 자가 없었다.

조승이 초나라에게 구원병을 요청했으나 초나라 측에선 냉담하기만 했다. 그러자 모수가 나서서 웅변을 토하니 마침내 초왕은 협력을 약속했다.

후에 귀국한 조승은 "모수의 뛰어난 재주는 흡사 주머니 속에 든 송곳 같다(囊中之錐)."며 모수를 융숭히 대접했다.

老馬之智

늙을**노** 말**마** 어조사**지** 슬기**지**

늙은 말의 지혜라는 말로, 아무리 하찮은 인간이라도 자기 나름대로의 장점과 특징을 가지고 있음을 뜻한다. 즉 쓸모없는 것은 없다는 의미이다.

《한비자韓非子·설림편說林篇》

제齊나라의 환공桓公이 관중管仲과 습붕隰朋과 함께 고죽국孤竹國을 토벌하고자 많은 군사를 이끌고 진군하고 있을 때였다. 지름길을 찾아 이동하던 군대는 그만 갈 길을 잃고 말았다. 그래서 전군全軍이 추위에 떨며 어쩔 수 없이 노숙을 하게 되었다.

관중은 앞길이 보이지 않자 환공 앞에 나와 말했다.

"늙은 말의 지혜를 이용하는 것이 좋겠습니다(老馬之智)."

그는 늙은 말 몇 마리를 풀어 주었다. 그러자 나머지 말들이 한 방향으로 몰려가 마침내 길을 찾았다. 병사들은 말 덕분에 무사히 길을 찾아 행군을 계속할 수 있었다.

또 행군을 하는데 물이 없어 갈증이 심해지자 습붕이 말했다.

"개미는 겨울엔 양지, 여름엔 음지 쪽에 사는데 개미 둑을 한

치만 파면 그곳에 반드시 물이 있을 겁니다."

이에 환공이 군사들에게 개미 둑 밑을 파게 하니 과연 물이 나와 갈증을 풀었다.

관중과 습붕같이 지혜 있는 사람은 하찮은 늙은 말이나 미물인 개미의 지혜를 본받는 것을 부끄럽게 여기지 않는다. 그러나 어리석은 사람들은 작은 것을 하찮게 여긴다.

斷機之教
끊을 **단** 베틀 **기** 어조사 **지** 가르칠 **교**

> 짜던 베틀의 옷감을 끊어 버리다. 즉 일의 도중에 그만두어서는 안된
> 다는 것을 경계하는 말이다.
>
> 《후한서後漢書 · 열녀전烈女傳》

맹자孟子의 어머니는 맹자를 공부시키기 위해 생활이 어려운 중에도 객지로 유학을 보냈다. 그런데 맹자가 공부를 다했다며 갑자기 집으로 돌아왔다. 화가 난 맹자 어머니는 짜고 있던 베를 가위로 잘라 버리며 단호하게 말했다.

"공부도 이 베처럼 도중에 포기하면 아무 쓸모가 없게 되는 것이다. 그러니 다시 돌아가서 나머지 공부를 마저 하도록 해라."

어머니의 행동을 지켜본 맹자는 깨달은 바가 있어 공자의 손자인 자사子思를 찾아가 그의 제자가 되어 학업에 열심히 정진한 결과 마침내 훌륭한 인물이 될 수 있었다.

당랑거철 螳螂拒轍

사마귀 **당** 사마귀 **랑** 막을 **거** 바퀴자국 **철**

사마귀 벌레가 앞발을 쳐들고 지나가는 수레를 막는다는 말로, 분수도 모르고 강적에게 덤벼드는 무모한 행동을 뜻한다.

《한시외전韓詩外傳》

제齊나라 장공莊公이 수레를 타고 사냥터로 가고 있었다. 그때 사마귀가 한 마리가 앞발을 힘껏 쳐들고 수레를 막고 있는 것이었다. 장공이 웬 벌레냐고 물으니 신하가 대답했다.

"저 녀석은 사마귀란 벌레인데 성질이 대단해서 앞으로 나아갈 줄만 알지 도무지 물러설 줄은 모릅니다. 제힘도 모르고 무조건 강자에게 마구 덤벼드는 버릇이 있지요."

"비록 벌레라고 하지만 천하무적의 용사 같구나(螳螂拒轍). 용기가 가상하니 수레를 돌려 피해 가라."

도불습유 道不拾遺

길 **도** 아닐 **불** 주울 **습** 끼칠 **유**

길가에 떨어진 남의 물건은 줍지 않는다는 말로 나라가 평화롭고 백성들이 잘살고 있어서 남의 것을 탐내지 않는다는 뜻이다.

《한비자韓非子 · 외저설좌상편外儲說左上篇》,《공자논어孔子論語 · 양화편陽貨篇》

　　노魯나라의 정공正攻 때 56세가 된 공자가 재상에 올랐다. 그의 덕화 정책은 나라 구석구석에까지 미치지 않는 곳이 없었다. 그가 평소에 주장하던 이상 정치를 펼치니 말 그대로 태평성대太平聖代를 구가하였다.

　　정鄭나라 간공簡公이 자산子産을 재상으로 임명했다.

　　그는 정치를 바로잡아 흉년이 들어도 굶주리는 일이 없었다. 그래서 사람들은 길에 떨어진 것을 보아도 절대로 줍지 않았다. 또한 물건을 매매할 때 속이는 일이 없어졌고, 도적이 자취를 감추었으며, 남녀 간의 문란한 문제도 사라졌다.

도청도설 道聽塗說

길도 들을청 진흙길도 말씀설

길에서 듣고 진흙 길에서 말하다. 즉 헛소문을 그대로 믿고 곧바로 남에게 전한다는 뜻이다. 허황한 소문을 이르는 말이다.

《논어論語·양화편陽貨篇》

공자孔子가 말하기를 "길에서 듣고 길에서 말하는 것은 덕을 버리는 것이다(道聽而塗說 德之棄也)."라고 했다. 도청도설道聽塗說은 이 말에서 유래하였다.

들은 말을 바로 다른 사람에게 전하는 것은 덕이 없는 경망스런 행동이란 뜻이다.

송宋나라 정丁씨 집은 우물이 멀어서 하인 한 사람이 늘 물을 길어 날라야 했다. 그래서 집 근처에 우물을 파니 물을 쓰기도 편하고 일손도 덜게 되었다.

그런데 이 소문이 엉뚱하게 '우물을 파는데 사람 시체가 하나 나왔다'는 어처구니없는 소문으로 번져 왕이 확인한 바 헛소문이었다.

　지혜로운 사람은 무슨 말을 들으면 그것을 마음속에 새겨 되돌아봐야 하며, 선한 말을 들으면 몸소 실천함으로써 온전히 자기의 것으로 만들어야 한다. 그런데 이런 과정을 거치지 않고 길에서 들은 말을 검증도 없이 무책임하게 다른 사람들에게 그대로 전하는 것은 덕을 버리는 처사다.

　풍문을 곧이곧대로 받아들인다든가 다른 사람의 좋지 않은 말을 듣고서 함부로 떠들어 대는 것은 덕에서 멀어지는 일이다.

讀書百遍
읽을**독** 글**서** 일백**백** 두루**편**
義自見灻
뜻**의** 스스로**자** 볼**견**/드러날**현**

책을 여러 번 읽으면 뜻을 저절로 알게 된다. 무엇이든지 끈기 있게 반복하다 보면 그 속에 감추어진 진리를 알게 된다는 뜻이다.

《삼국지三國志·위지魏志》, 《주자훈학재규朱子訓學齋規》

주자朱子가 말했다.

"책을 많이 읽으면 자연스럽게 깨닫게 된다."

위魏나라의 동우董遇는 글을 배우겠다고 오는 사람이 있으면 "내게서 배우기보다 자네 혼자 읽어 보게. 그러면 자연히 뜻을 알게 될 것일세." 하고 거절했다.

《난성유언欒城遺言》에서도 '책을 거듭 읽다 보면 경전의 뜻은 절로 드러난다.'고 했다.

그러나 아무리 이해하려고 해도 모르겠다며 책 읽기를 포기하는 사람이 있다.

득롱망촉 得隴望蜀

얻을 **득** 땅이름 **롱** 바랄 **망** 고을이름 **촉**

농서 지방의 땅을 얻으니 다음엔 촉 지방의 땅이 탐난다는 말로 인간의 욕심이 무한함을 비유한 말이다.

《후한서後漢書 · 잠팽전岑彭傳》

후한後漢의 광무제光武帝는 제위에 오르자 낙양을 수도로 정했다. 그때 장안에는 유분자劉盆子, 농서에는 외효隗囂, 촉蜀에는 공손술公孫述, 수양에는 유영劉永, 노강에는 이헌李憲 등이 할거하고 있었다. 그중 유분자, 유영, 공손술, 이헌 등은 저마다 황제를 넘보는 정도로까지 발전했다. 그러나 나중에 외효와 공손술을 제외하고는 모두 광무제에게 토벌되었다. 외효는 처음 광무제와 연합하려 했으나 광무제의 세력이 커져 감당하기 힘들어지자 촉의 공손술과 손을 잡으려 했다. 그러나 공손술이 거절함으로써 실패로 끝나고 말았다. 그런데 외효가 죽고 그의 아들이 항복하니 농서 지방이 광무제의 손에 들어갔다. 그러자 광무제가 말했다.

"농서를 손에 넣었으니 이번엔 촉을 얻어야겠다."

登泰山而

오를**등** 클**태** 뫼**산** 써**이**

小天下

작을**소** 하늘**천** 아래**하**

> 태산에 올라서야 비로소 천하가 작은 것을 알게 된다. 즉 큰 진리를 깨
> 우친 사람은 사고나 행동의 폭이 넓음을 의미한다.
>
> 《맹자孟子 · 진심장구盡心章句》

공자孔子는 노魯나라의 동산東山에 올라보고 노나라가 작음을
실감했다. 그다음 태산泰山에 올라보고는 천하 또한 작다는 것을
깨우쳤다.

바다를 이미 본 사람은 시냇물 따위는 하도 작아 물로 인정하기 어렵듯이, 좋은 사람과 교제를 해본 사람은 웬만한 사람은 눈에 들어오지 않는다. 해와 달이 밝은 것은 그 빛이 고루 비추는 사실에서 알 수 있다. 성인의 눈으로 보면 세상의 모든 것이 진리의 화신 체로 되어 있는 것이다. 눈앞의 이익에 눈이 어두우면 다른 것이 보이지 않는 것과 같다.

이처럼 '등태산이소천하登泰山而小天下'는 세상을 인식하는 방식이 넓고 시원스러워 사사로운 것에 얽매이지 않음을 말한다.

마이동풍 馬耳東風

말 **마** 귀 **이** 동녘 **동** 바람 **풍**

말의 귀를 스치는 동쪽의 바람이라는 말로 다른 사람의 충고를 전혀 듣지 않는 것을 말한다. 소귀에 경 읽기牛耳讀經라는 우리 속담과 뜻이 같다.

이백李白의 시 〈답왕십이한야독작유회答王十二寒夜獨酌有懷〉

이백李白의 시 〈답왕십이한야독작유회答王十二寒夜獨酌有懷〉에서 유래했다.

이 시는 이백의 친구 왕거일王去一이라는 사람이 밤늦게 혼자 술을 마시다가 그 감회를 시로 적어 보낸 것에 대해 이백이 화답한 것에서 유래했다.

'북쪽 창에 기대어 시를 읊거나 짓는다. 그러나 그것이 아무리 우수한 걸작품이라고 해도 지금 세상에서는 아무런 가치도 없다. 그러한 명사나 명문을 들어도 감상할 줄도 모르고 그저 동풍이 말의 귀를 스치는 정도로 밖에 생각하지 않는다(如東風射馬耳).'

이백은 덧붙여 읊기를 '원래 중국은 무武보다 문文을 중시하는 나라로 문文의 힘이 한 나라를 망하게 하기도 하고 반대로 흥하게도 했다.'라고 썼다.

문화의 꽃을 피운 당唐 시대였지만 이백은 '아무리 좋은 시를 써도 세상 속물들은 그것을 알아주지 않는다'며 자기의 심중을 토로했다.

세인들이 이 말을 듣고 머리를 흔드네.

(世人聞此皆掉頭 세인문차개도두)

마치 동풍(봄바람)에 귀먹은 말처럼

(有如東風射馬耳 유여동풍사마이)

맥수지탄 麥秀之嘆

보리 **맥** 빼어날 **수** 어조사 **지** 탄식할 **탄**

> 보리 이삭이 무성함을 한탄하다. 즉 지난날 화려했던 왕조王朝의 멸망
> 을 회상하며 탄식하는 말이다.
>
> 《사기史記 · 채미자세가采微子世家》,《시경詩經》

은殷나라 주왕紂王은 포악한 군주로 악명을 떨쳤다. 그에게는
훌륭한 신하 세 사람이 있었다.

공자는 그 세 사람의 충신에 대해 '미자微子는 떠나고, 기자箕子
는 종이 되고, 비간比干은 간하다가 죽었다'고 《논어論語》의 〈미자
편微子篇〉에 적고 있다.

기자는 주왕에게 간곡히 충언했으나 들어주지 않자 목숨을
부지하려고 머리를 헤치고 남의 집 종이 되어 숨어 있었다. 결
국 은나라는 망하고, 세상은 주나라에 의해 통일되었다.

어느 날, 기자가 옛 은나라의 도읍을 지나노라니 그곳은 초토
화되어 보리와 잡초만 무성하게 자라고 있었다. 그는 세상의 무
상함에 젖어 다음과 같은 시를 읊었다.

보리만 무성하게 자라 있네.

(麥秀漸漸兮 맥수점점혜)

벼와 비장도 가득하구나

(禾黍油油兮 화서유유혜)

저 교활한 어린아이가

(彼狡童兮 피교동혜)

내 말을 듣지 않은 탓이지.

(不與我好兮 불여아호혜)

여기서 교활한 아이는 주왕을 말한다.

'주지육림酒池肉林'이나 '포락지형炮烙之刑'도 주왕으로 인하여 탄생된 성어이다.

맹모삼천 孟母三遷

맏**맹** 어미**모** 석**삼** 옮길**천**

맹자의 어머니가 맹자 교육을 위해 세 번이나 이사를 했다는 말로, 자식에 대한 어머니의 강한 교육열을 말한다.

《후한서後漢書 · 열녀전列女傳》

맹자孟子는 어린 시절 공동묘지 근처에 살았는데, 날마다 곡哭 소리를 듣다 보니 그 흉내를 내곤 했다.

맹자의 어머니는 교육상 좋지 못하다고 생각하여 시장 부근으로 이사를 했다. 그러자 맹자는 물건을 사고파는 장사꾼 흉내만 냈다.

'이곳도 교육할 곳이 못 되는구나.'라고 생각한 맹자의 어머니는 이번에는 서당書堂 근처로 집을 옮겼다. 그러자 맹자가 매일같이 서당으로 나가 글을 읽는 것이었다. 이를 본 맹자 어머니는 비로소 안심을 했다.

맹자 어머니가 자식의 교육을 위해 세 번이나 이사를 했다는 이야기는 어린이 교육에 있어 환경이 얼마나 중요한가를 단적으로 말해 준다.

자식을 위한 부모의 열렬한 교육열을 '맹모삼천孟母三遷'에 비유한다.

盲人摸象

소경 **맹** 사람 **인** 더듬어찾을 **모** 코끼리 **상**

눈먼 장님이 코끼리를 만지다. 즉, 사물의 일부만을 알고 전체를 판단
하는 것은 정확하지 않다는 의미다.

《열반경涅槃經》

인도의 경면왕이 장님들에게 각자 코끼리를 만져 보고 그 느
낌을 말해 보라고 말했다.

이빨을 만져 본 한 장님이 말하기를, "코끼리의 모습은 굵고
큰 무우와 같습니다."라고 했다. 그다음의 장님은 귀를 만져 보
더니, "코끼리의 모습은 쌀을 까부는 키와 같습니다."라고 했다.

코끼리의 발을 만져본 장님은, "코끼리 모습은 절구통과 같습
니다."라고 했고 코끼리의 등을 만져 본 장님은, "제가 보기엔
흡사 평평한 침대와 같습니다."라고 했다.

코끼리의 배를 만져 본 장님은, "코끼리 모습은 항상 배가 툭
튀어나온 옹기와 같습니다."라고 했고 마지막으로 코끼리의 꼬
리를 만져 본 장님이 큰소리로 말했다.

"코끼리의 모습은 굵은 밧줄과 꼭 같습니다."

이들은 각기 자기의 의견이 옳다고 역설했다.

아시타비我是他非(내가 옳고 남이 그름)를 논하지 말라는 말도 여기 서 연유한 것이다.

명모호치 明眸皓齒

밝을 **명** 눈동자 **모** 흴 **호** 이빨 **치**

밝은 눈동자와 하얀 이. 즉 아름다운 미인을 가리키는 말이다.

두보杜甫의 시 〈애강두哀江頭〉

두보杜甫의 시 〈애강두哀江頭〉에 다음과 같은 구절이 있다.

맑은 눈동자 흰 이 지금은 어디 갔나

(明眸皓齒今何在 명모호치금하재)

피로 얼룩진 떠도는 넋은 돌아가지도 못하네

(血汚遊魂歸不得 혈오유혼귀부득)

위수는 맑게 동쪽으로 흐르고 검각은 깊은데

(清渭東流劍閣深 청위동류검각심)

가고 머문 그대와 나는 서로 소식조차 없구나

(去住彼此無消息 거주피차무소식)

사람살이 느끼는 정에 눈물은 가슴을 씻고

(人生有情淚沾臆 인생유정루첨억)

강가에 핀 꽃 어찌 다함이 있으리

(江水江花豈終極 강수강화기종극)

저물녘 오랑캐 말발굽에 먼지는 자욱한데

(黃昏胡騎塵滿城 황혼호기진만성)

성 남쪽으로 가고자 하면서 성 북쪽을 바라본다.

(欲往城南望城北 욕왕성남망성북)

당현종과 양귀비의 관계를 시로 읊은 내용이다.

明 哲 保 身

밝을 **명** 밝을 **철** 보전할 **보** 몸 **신**

총명하고 사리에 맞게 몸을 보호하다. 즉 인간의 도리에 따라 분별력이 있게 처신하여 자신의 몸을 보전하는 것을 말한다.

《시경詩經 · 대아숭고편大雅崧高篇》

《시경詩經》의 〈대아숭고편大雅崧高篇〉에 다음과 같은 시가 있다.

지엄한 임금의 명을 받들어 (肅肅王命 숙숙왕명)

중산보가 받들어 행하도다. (仲山甫將之 중산보장지)

나라의 선하고 악함을 (邦國若否 방국악부)

중산보가 밝히는도다. (仲山甫明之 중산보명지)

밝고 어질게 처신하여 (旣明且哲 기명차철)

이미 몸가짐을 바르게 하고 (以保其身 이보기신)

아침저녁으로 게으르지 아니하여 (夙夜匪解 숙야비해)

오로지 왕 한 분을 섬기었도다. (以事一人 이사일인)

중산보中山甫는 주나라 선왕宣王 때의 재상이다. 이 시는 그가 왕의 명을 받들어 제齊나라로 가서 성城을 쌓을 때 윤길보尹吉甫가 그의 덕을 찬양하면서 지은 것이라고 전해지고 있다.

여기서 명明은 이치에 밝은 것이고, 철哲은 일을 잘 살피는 것이며, 보신保身은 이치에 순종해서 몸을 지키는 것을 말한다.

毛遂自薦

털 모 따를 수 스스로 자 천거할 천

모수란 사람이 스스로를 천거했다는 말로 아무도 자기를 알아주지 않아 자진해서 나선다는 말이다. 염치없이 자신을 내세우는 사람을 빗대어 쓰는 말이기도 하다.

《사기史記 · 평원군열전平原君列傳》

전국 시대 말엽, 조趙나라는 강국 진秦나라의 위협을 받고 있었다. 그래서 조나라 평원군은 초나라에 도움을 청하러 사신으로 가게 되었다. 그는 수행원으로 자신의 식객들 중에 20명을 선발하기로 하고 19명은 뽑았지만 한 사람을 구하지 못했다.

이때 모수毛遂란 사람이 나섰다. 평원군은 그의 얼굴을 처음 보는 듯싶어 물었다.

"그대는 내 집에 머문 지 얼마나 됐소?"

"3년이 되었습니다."

"무릇 뛰어난 선비는 송곳이 주머니 속에 들어 있는 것과 같아서(囊中之錐) 반드시 드러나기 마련이오. 그런데 당신은 3년이나 되도록 내가 모를 정도라면 그저 평범한 인물임이 틀림없소."

그러자 모수가 말했다.

"그러니 오늘 저를 주머니 속에 넣어 주십시오. 제 송곳 끝이 얼마나 뾰족한지 보여 드리겠습니다."

이리하여 모수도 동행하게 되었다.

초나라 왕은 평원군의 간절한 요청에도 불구하고 도움을 거절했다. 그때 모수가 초나라 왕에게 가까이 갔다. 초나라 왕은 그 당돌함을 꾸짖었다. 그러자 모수가 반박했다.

"전하께서는 초나라 군사가 막강한 것을 믿고 있습니다. 하지만 지금 저와의 거리는 불과 열 걸음도 안 됩니다. 초나라는 강하지만 몇 번이나 진나라에게 패했습니다. 이제 조나라와 초나라가 협약을 맺는 것은 단지 우리 조나라를 위함이 아니라 바로 초나라를 위한 길이라는 것을 왜 모르신단 말입니까?"

모수의 설득력에 감동한 초나라 왕은 마침내 동맹 조약을 맺었다.

초나라와 동맹을 맺음으로써 송곳이 주머니에서 삐져나오듯 자기의 존재를 확실하게 알린 것을 '낭중지추囊中之錐'라고 한다.

武陵桃源

무력**무** 언덕**릉** 복숭아**도** 근원**원**

인간 속세와 동떨어진 별천지, 곧 평화롭고 조용한 이상적인 곳을 말한다.

도연명陶淵明의 《도화원기桃花源記》

진晉나라 무릉武陵의 한 어부가 배를 타고 강을 따라 올라가다 양쪽 언덕이 온통 복숭아 숲으로 덮여 있는 곳에 도착했다. 그곳에는 조그만 바위 굴이 하나 있었는데 그 속에서 빛이 새어 나오는 것을 이상하게 여긴 어부는 들어가 보았다. 그러자 넓은 들이 나타났고 사람들이 즐거운 표정으로 일을 하고 있었다.

그곳 사람들은 어부를 기쁘게 맞이하면서 자신들의 선조들이 옛날 진秦나라의 학정을 피해 이곳으로 피신했으며, 그때부터 외부 세계와 완전히 단절된 생활을 하고 있다고 했다. 그러면서 지금 바깥 세상의 사정은 어떠한지 꼬치꼬치 물었다.

그는 그렇게 융숭한 대접을 받고 그곳에서 나오면서 이곳 저곳에 표시를 남겨 두었다. 집으로 돌아온 어부는 곧 고을의 태수를 찾아가 자기가 경험한 이야기를 했다.

크게 흥미를 느낀 태수는 사람을 시켜 다시 그곳을 찾게 했다. 그러나 어부가 돌아올 때 표시해 두었던 것이 없어져 그 길을 두 번 다시 찾을 수가 없었다. 그래서 그곳을 속세와 떨어져 있는 별천지라는 뜻으로 무릉도원武陵桃源이라 했다.

또 무릉도원에서는 주朱씨와 진陳씨가 서로 사돈을 맺어 내려왔다 하여 사돈이 되는 것을 주진지의朱陳之誼를 맺는다고 한다.

평화롭고 안락해서 모든 것에 부족함이 없는 곳을 일컬어 흔히 '무릉도원'이라고 한다.

목을 내건 교제. 즉 목이 잘려도 생사를 같이 한다는 뜻으로 극히 절친
한 교제를 말한다.

《사기史記 · 염파인상여열전廉頗藺相如列傳》

진秦나라 소왕昭王은 조趙나라 혜문왕惠文王이 갖고 있는 화씨
지벽和氏之璧이란 구슬이 탐이 나서 열다섯 개의 성城과 바꾸자고
제의했다. 혜문왕은 거절할 수가 없어 그대로 따랐다. 그러나
소왕은 구슬을 손에 넣자 성을 주기로 한 약속을 어기고 차일피
일 미루었다.

그러자 조나라의 인상여藺相如가 구슬에 흠이 있으니 수리해
주겠다는 핑계로 진나라에서 구슬을 되찾아 오는 데 성공했다.

인상여는 그 공로로 상대부上大夫 벼슬에까지 올랐고, 나중에
는 벼슬이 장군인 염파廉頗보다도 높아졌다.

이렇게 되자 염파는 분개하여, "그놈은 원래 신분이 천한데
그의 밑에 있게 된다는 것은 수치스러운 일이다. 인상여를 만나

기만 하면 반드시 모욕을 주고야 말겠다."고 벼르고 있었다.

그 말을 전해 들은 인상여는 염파 만나기를 한사코 기피했다. 주위 사람들이 인상여에게 충고했다.

"당신은 세력이 막강한데 무엇이 두려워 염파를 피하느냐?"

그러자 인상여가 말했다.

"나는 아무것도 두려운 것이 없는데 염 장군이라고 해서 내가 두려워하겠느냐. 내가 염 장군을 피하는 것은 국가의 안전을 제일로 삼고 개인의 사소한 원한은 뒤로하기 때문일 뿐이다."

이 말을 전해 들은 염파는 스스로 부끄럽게 여기고 육단형(肉袒荊)(상반신을 발가벗고 가시나무로 때리는 형)을 받고자 가시나무를 가지고 인상여의 집으로 찾아가 사죄했다(負荊請罪).

이리하여 두 사람은 설사 목을 베여 죽임을 당하더라도 마음이 변치 않을 친교를 맺었다.

문전성시 門前成市

문**문** 앞**전** 이룰**성** 저자**시**

문 앞에 시장이 서다. 즉, 권력가 집 앞이 찾아드는 방문객들로 시장처럼 붐빈다는 말이다.

《한서漢書·손보전孫寶傳》

전한前漢 애제哀帝 때 일이다. 조창趙昌이라는 신하는 아첨과 모함을 잘하는 인물로 유명했다. 그는 유독 처신이 곧바른 신하 정숭鄭崇을 좋아하지 않았다. 그래서 애제에게 그를 모함하여 이렇게 말했다.

"정숭은 왕실의 여러 사람과 빈번히 내통하여 그의 집 앞이 문전성시를 이루고 있다 합니다. 반드시 무슨 좋지 못한 음모를 꾸미고 있을 것입니다."

애제는 그 말을 듣자 곧 정숭을 문책했다.

"그대의 집 앞은 시장같이 사람들이 붐빈다(群門如市)고 하던데 무슨 연고인가?"

애제의 힐책에 정숭이 말했다.

"신의 문 앞은 시장 같아도(臣門如市) 신의 마음만은 항상 물과 같이 깨끗합니다. 다시 한번 조사해 보옵소서."

애제는 이 말을 듣고 매우 노하여 정승을 하옥시켰다. 그 결과 그는 끝내 감옥에서 죽었다.

미생지신 尾生之信

꼬리 **미** 날 **생** 어조사 **지** 믿을 **신**

> 미생의 신의라는 말로, 너무 정직해서 고지식하게 사실만을 고집하는
> 어리석은 태도를 말한다. 융통성이 전혀 없어서 하나만 알고 둘은 모
> 르는 답답한 사람을 비유하는 말이다.
>
> 《장자莊子 · 도척편盜跖篇》, 《사기史記 · 소진열전蘇秦列傳》

노魯나라에 미생尾生이라는 우직하고 고지식한 사람이 있었
다. 그가 연인과 개울의 다리 밑에서 만나기로 약속하고 먼저
그곳에 나가 기다렸다. 그러나 아무리 기다려도 연인은 나타나
지 않고 장대 같은 비만 쏟아졌다.

그러는 동안에 개울물이
차츰 불어나서 그는 물에 잠
기게 되었다. 그래도 그는 자
리를 떠나지 않고 기다리다
가 그만 익사하고 말았다.

傍若無人

곁**방** 같을**약** 없을**무** 사람**인**

주변에 사람이 없다. 즉 타인을 업신여기고 무시하면서 자기 멋대로 행동하는 오만불손함을 말한다.

《사기史記 · 자객열전刺客列傳》

전국 시대 위衛나라에 형가荊軻라는 사람이 있었다. 그는 친구 인 노구천魯句踐과 쌍륙雙六 놀이를 하여 승부를 다투다가 노구천 이 화를 내자 그길로 도망쳐 고국을 떠났다.

그는 연燕나라로 가서 축筑이란 악기를 잘 연주하는 고점리高漸 離와 사귀었다. 그래서 고점리가 축을 타면 그는 노래를 불렀다.

그러다 감정이 극에 달하면 서로 얼싸안고 울었는데 그 모습 이 마치 곁에 아무도 없는 것같이 떠들썩하였다. 여기에서 '방약 무인傍若無人'이란 말이 생겼다.

배수지진 背水之陣

등배背 물수水 어조사지之 진칠진陣

물을 등지고 진을 친다는 말로, 죽음을 각오하고 결사적으로 싸움에 임하는 것을 뜻한다.

《사기史記 · 회음후열전淮陰侯列傳》

한고조漢高祖 유방劉邦이 등극하기 2년 전의 일이었다.

한군漢軍을 이끌던 한신韓信은 위魏나라를 점령하고 여세를 몰아 조趙나라로 쳐들어갔다. 조나라 20만 군대는 성문을 열고 일제히 대항해 왔다. 이에 한신은 거짓으로 퇴각하여 언덕 아래 강물을 등지고 진을 치고 있던 군사들과 합류했다.

그러자 조나라 군사들은 성을 비워 놓고 일제히 공격해 왔다. 한신의 군사들은 뒤에 깊은 강물이 흐르고 있기 때문에 모두들 죽기를 각오하고 싸울 수밖에 없었다.

결국 한나라는 대승大勝을 거두었고, 조나라는 대패大敗하고 말았다. 싸움이 끝나고 축하연이 벌어졌을 때 부장들이 한신에게 물었다.

"병법에는 산을 등지고 물을 앞에 두고 싸우라고 되어 있습니다. 그런데 장군께서는 강물을 등지고 싸웠는데도 승리를 거두었습니다. 어찌 된 일입니까?"

이에 한신이 차근차근 설명했다.

"이것도 병법의 한 수로, 장군들이 미처 깨닫지 못한 것뿐이오. 병서에 자신을 사지死地에 몰아넣음으로써 살길을 찾을 수 있다는 내용이 있소. 그것을 응용한 것이 배수진이란 전략이오. 그동안 우리 군대는 원정을 계속하며 보강한 군사들이 태반이오. 이들을 보통의 병법으로 싸우게 했다면 분명 모두 흩어져 도망가 버렸을 것이오. 그래서 가장 절박한 방법을 쓴 것이오."

장수들은 한신의 탁월한 병술에 모두 놀라워했다.

杯 中 蛇 影

잔**배** 가운데**중** 뱀**사** 그림자**영**

술잔 속에 비친 뱀의 그림자라는 말로, 아무것도 아닌 일에 의심을 품는 것을 말한다.

《진서晉書 · 약광전樂廣傳》,《풍속통의風俗通義》

진晉나라의 악광樂廣이라는 사람이 수재로 인정받아 관리에 등용되었다. 그는 인품이 단정하고 매우 겸손하였다.

그가 하남의 태수로 있을 때 어느 날 친구가 방문해서 술자리를 함께 했다. 그런데 그 이튿날 그 친구가 아파 몸져누워 있다는 전갈을 받았다. 친한 친구를 오랜만에 만나 반가워 술대접을 했는데 하룻밤 사이에 그런 일이 생기니 이상했다.

악광은 술을 마시던 자리를 전날과 같게 해놓고 이리저리 살펴보던 중 술잔에 비치는 그림자를 발견했다. 매달아 둔 활의 모양이

영락없이 뱀처럼 비쳤다.

악광은 다시 친구를 초대해서 예전과 같은 자리에서 술을 권하면서 지난번의 병이 든 이유를 묻자 그가 대답했다.

"일전에 술대접을 받았을 때 술잔 속에 뱀이 보였네. 그 후부터 몸이 나빠져 누워 지냈다네."

"그래? 그럼 오늘도 잔 속에 뱀이 보이는가?"

"음, 전과 같군."

"그 뱀은 저 활이 비친 거라네."

순간 친구는 모든 의혹을 풀면서 병이 씻은 듯이 나았다.

《풍속통의風俗通義》 기록도 이와 같다.

응빈應彬이 문안을 온 주부主簿 두선杜宣에게 술을 대접했다. 그런데 벽에 걸려 있는 활이 술잔에 비쳐 뱀처럼 보였다. 두선은 그것이 뱀인 줄 알고 깜짝 놀랐으나 상관이 주는 잔이라 그냥 마셨다. 그리고 이튿날부터 가슴과 배가 아파 눕게 되었다.

응빈이 문병을 가서 그 이야기를 듣고 집에 와서 술잔을 따라 놓고 보니 그의 말대로였다. 그래서 두선에게 그 이야기를 들려주었더니 병이 씻은 듯이 나았다.

白駒之過隙

흰백 **백** 망아지 **구** 어조사 **지** 지날 **과** 틈 **극**

흰 망아지가 문틈으로 지나가다. 세월이 빨리 흐르는 것을 비유하
는 말이다.

《장자莊子 · 지북유편知北遊篇》

《장자莊子》의 〈지북유편知北遊篇〉에 다음과 같은 말이 있다.

'사람이 하늘과 땅 사이에서 사는 것은 흰말이 달려 지나가는

것을 문틈으로 보는 것처럼 순간이다(若白駒之過隙).

모든 것들은 물이 솟아나듯 문득 생겨났다가 물이 흘러가듯 아득하게 사라져 간다. 변화해서 생겨났다가 다시 변화해서 죽는 것이다. 사람들은 이를 슬퍼한다.

죽음이란 화살이 활통을 빠져나가고, 칼이 칼집에서 빠져나가는 것처럼 분주하고 완연하니, 영혼이 장차 이 세상을 떠나려 하면 육체도 그러한가? 이를 따르는 법이다. 이 얼마나 거대한 돌아감인가!'

伯樂一顧

맏**백** 즐거울**락** 한**일** 돌아볼**고**

백락이 한번 생각하다. 또는 백락의 눈에 띄다. 즉 명마가 백락의 눈에 띄어 그 재능이 알려지게 되었다는 이야기에서 유래된 말로, 재능이 현자의 인정을 받게 된 것을 비유하는 말이다.

《전국책戰國策 · 연책燕策》

위魏나라의 소대蘇代가 순우곤淳于에게 말했다.

"어떤 사람이 자신의 말을 팔려고 시장에 내어놓았는데 사흘이 지나도록 누구 하나 거들떠보지 않았다. 그래서 유명한 말 감식가 백락伯樂을 찾아가 자신의 말을 한번 살펴보아 주기를 청했다. 백락이 가서 그 말을 한번 살펴보고(伯樂一顧) 돌아가자 말값이 갑자기 폭등해서 서로 사겠다고 아우성을 쳤다."

이는 백락이 한번 살펴보았다는 말로, 아무리 역량이 탁월한 사람이라도 뛰어난 인물의 인정을 받아야 그 가치가 드러난다는 뜻이다.

한유韓愈의 〈송온처사서送溫處士序〉에도 백락이 기북의 평야를 한번 지나가면 그곳의 좋은 말의 무리가 싹 사라진다는 이야기가 나온다. 이는 백락이 말을 볼 줄 알기 때문에 그가 좋은 말을 보면 모두 취해 버리니 좋은 말이 다 없어져 버린다는 말이다.

바꾸어 말하면 자기 재능만 믿고, 가만히 있으면 누가 그 재능을 알아주겠느냐는 뜻이다.

이백李白도 한조종韓朝宗에게 자기를 천거해 달라는 부탁을 한 적이 있었다. 그러면서 자신이 한조종에게 인정받는 것은 백락에게 천리마의 기량을 인정받는 것과 같다고 했다.

白眉

흰백 눈썹미

흰 눈썹이란 말로, 무리 중에 단연코 뛰어난 인물이나 물건 가운데 뛰어난 것을 일컫는다.

《삼국지三國志 · 촉지蜀志 · 마량전馬良傳》

삼국 시대 때 유비의 신하 중에 마량馬良이란 사람이 있었다. 그는 태어날 때부터 눈썹에 흰 털이 섞여 별명이 백미白眉였다. 그에겐 다섯 형제가 있었는데 모두 재능이 뛰어났으나 그중에서도 맏아들인 마량의 재능이 단연코 으뜸이었다. 그래서 사람들은 무리 중에 뛰어난 부분을 백미라고 했다.

마량의 아우 중 마속馬謖은 울면서 목을 벤다는 '읍참마속泣斬馬謖'의 성어로 유명하다. 제갈량諸葛亮이 마속에게 요충지를 맡겼는데 수비에 실패하자 친구였지만 눈물을 흘리면서 그의 목을 베었는데 이 사건이 읍참마속이다. 책임을 물어 울면서 목을 벤 일을 '읍참마속'이라 한다.

백아절현 伯牙絶絃

말 **백** 어금니 **아** 끊을 **절** 악기줄 **현**

백아가 거문고의 줄을 끊다. 즉 백아가 자기의 음악적 재능을 인정해
주는 친구가 죽자 거문고 줄을 끊어 버리고 두 번 다시 거문고를 타지
않았다는 이야기에서 유래되었다. 자기를 알아주는 진정한 친구의 죽
음을 슬퍼하는 것을 이르는 말이다.

《열자列子 · 탕문편湯問篇》

　　백아伯牙는 춘추 시대 사람으로 거문고를 잘 탔고, 그의 친구
종자기鍾子期는 거문고 연주를 평가하는 명수였다. 백아가 마음
속으로 높은 산을 생각하며 거문고를 타면 종자기는, "좋구나,
거문고 소리여! 태산처럼 우뚝하도다." 하고 그의 심중의 뜻을
알아맞혔다.

　　또 흐르는 맑은 물을 생각하면서 거문고를 타면 종자기는,
"좋구나! 거문고 소리여! 푸른 강물처럼 일렁이도다."라고 말하
였다. 이처럼 그의 판단은 틀리는 법이 없었기에 그때마다 백아
는 감탄했다.

　　"그대가 내 음악을 이해하는 것은 정말 신기할 정도로 훌륭하

도다. 내 뜻과 그대의 마음이 같으니 내 음악이 그대에게서 벗어날 수 있겠는가."

두 사람은 서로 마음이 맞는 지기였다.

후에 종자기가 죽자 백아는 거문고 줄을 미련 없이 끊어 버리고 죽는 날까지 다시는 거문고를 타지 않았다. 세상에 자신의 음악을 알아주는 진정한 평론가가 없어졌기 때문이었다. 이로부터 '백아절현伯牙絶絃'이란 성어가 생겼다.

음악의 뜻을 잘 이해한다는 뜻으로 쓰이는 '지음知音'이란 말도 위의 두 사람에게서 유래했다.

분서갱유 焚書坑儒

불사를 분 글 서 묻을 갱 선비 유

> 책을 불사르고 유학자들을 생매장한다는 말로, 선비들을 탄압한 진시
> 황의 폭정에서 유래되었다. 과도한 독재 행위를 비유한다.
>
> 《사기史記 · 진시황본기秦始皇本記》

'분서갱유焚書坑儒' 사건 때문에 진시황秦始皇(기원전 213년)은 폭군
이라는 오명을 벗지 못하고 있다.

진시황은 제齊나라를 끝으로 여섯 나라를 평정하고 스스로 황
제가 되어 중앙집권의 군현제도郡縣制度를 채택했다. 그리고 승
상 이사李斯의 제안을 받아들여 정부를 비난하고 비판하는 선비
들과 서적을 거두어들여 불태워 없앴다.

이때 의약과 점술서, 농경에 관한 책과 진나라의 역사를 기록
한 책 외에 많은 책들이 닥치는 대로 불태워졌다. 그리고 시서
를 논하는 자와 그런 사실을 비판하는 자까지 가차 없이 처단되
었다. 또 책을 감춰 뒀다가 발견되면 살가죽에 먹물을 넣어서
표시하고 부역을 시켰다. 이렇게 해서 귀한 문서들이 사라지게

되었다.

진시황은 아방궁阿房宮이 완성되자 자신의 권력에 도취되어 불로장생을 원했다. 이와 관련하여 신선술神仙術을 가진 방사方士들을 각지에서 불러들였는데 그중에서도 후생厚生과 노생老生을 신임했다. 그러나 이들은 재물을 사취詐取한 뒤 진시황의 부덕不德을 비난하며 자취를 감춰 버렸다.

화가 머리끝까지 치민 진시황이 그들을 모조리 잡아들이니 그 숫자가 무려 460명이나 되었다. 시황제는 이들을 함양성咸陽城 안에 구덩이를 파고 생매장해 버렸다. 이것이 '갱유坑儒'이다.

호랑이 굴에 들어가지 않으면 호랑이를 잡을 수 없다는 말로, 모험을
하지 않으면 큰 결과를 얻을 수 없음을 말한다.

《후한서後漢書 · 반초전班超傳》

반초班超는 후한 초기에 살았던 장군이었다. 그는 문필가 집안
에서 자라 박학하고 용맹했다.

그가 한漢 명제의 명을 받아 흉노를 정벌하기 위해 흉노국과
동맹을 맺고 있는 선선국鄯善國에 들렀다. 선선국 왕은 처음에는
국빈으로 반기더니 나중에는 냉대했다. 이에 반초가 부하들을
불러 놓고 말했다.

"호랑이 굴에 들어가지 않으면 호랑이를 잡지 못한다. 밤을
틈타 흉노를 공격하여 섬멸하자."

이렇게 해서 반초군은 100여 명의 흉노족을 토벌했다. 그러
자 선선국 왕은 반초군을 따르지 않을 수 없었다.

四面楚歌

넉 **사** 낯·얼굴 **면** 초나라 **초** 노래 **가**

사방에서 온통 초나라 노래가 들리다. 즉 움쩍달싹할 수 없을 정도로 궁지에 빠진 것을 비유하는 말이다.

《사기史記·항우본기項羽本紀》

초楚나라 왕 항우項羽가 장장 4년 동안 전쟁을 벌였으나 한신韓信이 지휘하는 한漢나라 군사에게 완전히 포위당해서 고립된 상태에 빠지게 되었다. 거기다가 먹을 군량미마저 떨어지니 군사들의 사기는 완전히 땅에 떨어졌다.

이를 틈타 한나라 장량張良과 진평陳平이 지혜를 짜냈다. 심리전을 펴기로 하고 한밤중에 초나라 노래를 들려준 것이다. 가뜩이나 전투 상황이 불리하게 돌아가 불안해하던 초나라 군사들은 갑자기 고향 노래가 들려오니 완전히 전의戰意를 상실하여 앞다투어 도망쳤다. 항우는 크게 탄식했다.

"아! 초나라는 다 점령당했는가!"

그때 항우에게는 우미인虞美人이라는 총희寵姬가 있었는데 그녀는 항우와 영원히 함께할 수 없음을 알고 항우의 칼을 빌려 자결해 버렸다. 항우는 그녀가 애처로워 시를 지어 읊었다.

힘은 산을 뽑고 의기는 세상을 덜지만

(力拔山兮氣蓋世 역발산혜기개세)

때는 불리하고 추(말)는 가지 않는구나

(時不利騅兮不逝 시불리추혜불서)

추가 가지 않으니 어찌하면 좋을고

(騅不逝兮可奈何 추불서혜가내하)

우야 우야 그대를 어찌할 거나

(虞兮虞兮奈若何 우혜우혜내약하)

그날 밤 겨우 8백여 기를 이끌고 탈출한 항우는 이튿날 한군에 돌입했으나 적군에게 체포되기 직전 31세의 나이로 자결함으로써 한 많은 생을 마쳤다. 천하는 한나라의 유방에게 돌아갔다.

사숙 私淑

사사로울 **사** 맑을·사모할 **숙**

직접 배우지는 못했지만 옛 선인이나 멀리 떨어져 있는 사람을 스승으로 삼아 자신의 학문을 도야하는 것을 말한다.

《맹자孟子·이루장구離婁章句》

맹자孟子는 공자孔子를 그리워하며 이렇게 읊었다.

'군자가 끼친 덕은 다섯 세대가 지나면 끊어지고, 소인이 끼친 은덕도 다섯 세대에서 끊어진다. 나는 공자님의 제자가 되지 못하였지만, 그분의 정신을 여러 사람에게서 사숙私淑하였다.'

맹자는 공자가 죽은 지 90년 뒤에 태어났으므로 직접 공자의 제자가 되지는 못했다. 그러나 공자의 제자들에게서 가르침을 받은 사람들이 남아 있어 그들을 통해 공자의 사상을 접할 수 있었다.

맹자는 공자의 손자인 자사子思의 제자에게서 배웠다고 한다.

四 海 兄 弟

넉**사** 바다**해** 맏**형** 아우**제**

사해는 온 천하를 가리키는 말로, 세상 모든 사람들이 형제라는 뜻이다. 즉 피붙이만 가까운 친지가 아니라 뜻을 같이하고 마음만 같이하면 누구라도 형제와 같다는 말이다.

《논어論語 · 안연편顏淵篇》

공자孔子의 제자 중에 사마우司馬牛가 있었다. 그의 형 환퇴桓退는 송宋나라의 반란에 가담했다가 실패하고 외국으로 망명했다. 사마우가 어느 날 형 환퇴를 걱정하며 말했다.

"세상 사람들은 모두 다 형제가 있는데 나만 없구나."

듣고 있던 자하子夏가 위로하여 말했다.

"죽고 사는 것은 명에 있고, 부귀는 하늘의 뜻이라고 했습니다. 군자가 공손하며 예절이 있으면 천하 사람이 다 형제(四海之內 皆兄弟也)라고 하거늘 어찌 형제가 없음을 근심하시오."

뜻을 같이하고 마음이 일치하면 누구라도 형제와 같이 지낼 수 있다는 뜻이다.

殺身成仁

죽일 **살**　몸 **신**　이룰 **성**　어질 **인**

자신의 몸을 희생하여 인仁을 이룩한다는 말로, 자신의 한 몸을 바쳐 옳은 도리를 행하는 것을 말한다. 즉 인의仁義를 위해 목숨도 불사한다는 의미.

《논어論語·위령공편衛靈公篇》

공자孔子가 가장 중시했던 덕목德目은 인仁이었다. 《논어論語》에 다음과 같은 글이 있다.

'지사와 어진 사람은 삶을 구하기 위하여 인을 해치는 일이 없고(志士仁人無求生以害仁), 도리어 몸을 바쳐 인을 이루는 일이 있을 뿐이다(有殺身以成仁).'

지사志士는 도덕과 의리에 뜻을 둔 사람을 말하고, 어진 사람은 어진 덕성을 갖춘 사람을 말한다. 즉 인자仁者란 양심과 도를 위해 목숨까지 바칠 수 있는 사람이다.

삼고초려 三顧草廬

석**삼** 돌아볼**고** 풀**초** 풀집**려**

초가집을 세 번이나 찾아가다는 말로, 참다운 인재를 맞아들이기 위하여 참을성 있게 노력한다는 뜻이다.

《삼국지연의三國志演義 · 제갈량전諸葛亮傳》

삼국 시대 때, 유비劉備 현덕玄德은 한漢나라의 대를 잇는 일을 함께 도모할 인재를 찾고 있었는데, 신하 서서徐庶가 말했다.

"제갈량諸葛亮이라는 인재가 양양襄陽 땅에 있습니다. 그는 학식과 재능을 겸비한 보기 드문 사람이지요. 그와 함께 국사國事를 도모하시는 것이 좋겠습니다."

그 말을 듣고 유비는 즉시 관우關羽 운장雲長과 장비張飛 익덕益德을 데리고 제갈량 공명孔明의 집을 찾았다.

그러나 그가 부재중이어서 만날 수 없었다. 유비가 세 번째로 제갈량을 찾아가니 마침 제갈량은 낮잠을 자고 있었다.

유비는 그가 잠에서 깰 때까지 밖에서 기다렸다. 제갈량은 그의 정성에 감동하여 유비의 요구에 응하였다. 유비는 세 번 행차해서 간청한 끝에 비로소 제갈공명을 얻었던 것이다. 이 말은 다른 말로 삼청제갈三請諸葛이라고도 한다.

유비는 그렇게 제갈량을 얻음으로써 조조曹操와의 적벽대전赤壁大戰에서 100만 대군을 격파할 수 있었다. 그러니까 제갈량 덕분에 한나라 부흥의 발판을 닦았던 것이다.

상가지구 喪家之狗

잃을 **상** 집 **가** 어조사 **지** 개 **구**

상가의 개, 즉 주인을 잃고 상가를 전전하는 개를 말한다. 지칠 대로 지쳐 수척하고 초라한 사람을 빈정거리는 말이다.

《사기史記 · 공자세가孔子世家》

유교儒敎의 비조鼻祖 공자孔子가 제자들과 돌아다니다가 길이 어긋나 그만 혼자가 되고 말았다. 제자들이 찾았지만 허사였다.

정鄭나라 사람이 스승을 찾아 헤매는 자공子貢에게 말했다. "동문 앞에 웬 노인이 서 있는데 이마는 요堯임금을 닮았고, 목은 요와 순을 섬기던 현명한 재상 고요皐陶 같았으며, 어깨는 명재상 자산子産과 똑같습니다. 그러나 피로에 지쳐 있는 모습이 마치 상갓집 개(喪家之狗) 같이 보이더군요."

제자들이 동문으로 가서 공자를 만나 상갓집 개같이 보이더라는 행인의 이야기를 그대로 말하자 공자가 웃으며 말했다.

"정말로 그 사람 말이 맞는 말 같구나."

새옹지마 塞翁之馬

변방 **새** 노인 **옹** 어조사 **지** 말 **마**

새塞 노인의 말이라는 말로, 인간사의 길흉화복吉凶禍福은 변화무상하여 그 누구도 앞날을 예측할 수가 없다는 뜻이다.

《회남자淮南子 · 인간훈人間訓》

만리장성 변경에 한 노인이 살고 있었다. 사람들은 그 노인을 새상노인塞上老人 또는 새옹塞翁이라고 불렀다.

어느 날, 그 노인이 기르던 말 한 필이 없어졌다. 마을 사람들이 그 사실을 알고 위로하자 노인이 태연하게 말했다.

"말이 없어진 것이 오히려 복이 될 수도 있지요."

몇 달 뒤, 잃어버린 말이 오랑캐 땅의 좋은 말 한 필과 함께 집으로 돌아왔다. 그래서 마을 사람들이 축하하자 노인이 또 말했다.

"이것이 오히려 화가 될 수도 있지요."

며칠 후, 노인의 외아들이 그 말을 타다가 그만 땅에 떨어져 다리가 부러지고 말았다.

마을 사람들이 이를 위로하자 그 노인이 아무렇지도 않다는 듯이 다시 말했다.

"이것이 오히려 복이 될 수도 있지요."

1년 후, 오랑캐가 변방으로 쳐들어와서 전쟁이 벌어지자 마을의 젊은이들은 모두 징집되어 나갔다가 전쟁터에서 전사하거나 부상을 당했다. 하지만 새 노인의 아들은 절름발이인 불구자였기 때문에 징집을 당하지 않아 죽음을 면할 수 있었다.

오늘 비록 행복하다 해서 안심할 수 없다. 행복과 불행은 한 치도 예측할 수 없기 때문이다. 이때 인간 만사 '새옹지마塞翁之馬'란 말을 쓴다.

生 寄 死 歸

살 생 부탁할 기 죽을 사 돌아갈 귀

삶은 더불어 살고 죽음은 되돌아가는 것이라는 말. 인간의 삶은 이 세
상에 잠시 몸을 맡겨 머무는 것이고, 죽는 것은 다시 되돌아간다는 뜻
이다.

《십팔사략十八史略》

하夏왕조 우禹 임금이 강을 건너려 하는데 황룡이 나타나 배를
떠밀어 올렸다. 그러자 배 위의 사람들이 다 두려워하였다. 그
광경을 본 우 임금이 하늘을 우러러 말했다.

"나는 하늘로부터 천명을 받고 백성을 위해 수고하였다. 그런
데 인간의 삶은 잠시 이 땅에 머무는 것에 불과하고, 죽음은 고
향으로 되돌아가는 것이다(生寄也死歸也). 하니 어찌 아부를 하여
조화를 꾀하겠는가? 내 눈엔 용도 잠자리에 불과하다."

우 임금이 그렇게 당황하지 않고 태연하자 황룡은 고개를 숙
인 채 하늘로 올라가 버렸다.

이태백은 〈춘야연도리원서春夜宴桃李園序〉에서 '대개 하늘과 땅
이라는 것은 묵어가는 여관과 같은 것이고, 세월이란 것은 끝없

이 뒤를 이어 지나가는 나그네와 같은 것이다(天地者 萬物之逆旅 光陰 者 百代之過客).'라고 했다.

하늘과 땅이라는 공간 속에서 모든 것은 나타났다 사라지기 를 반복하고, 인간은 그 세상을 여행하는 나그네와 같다.

歲月不待人

해세 달월 아닐부 기다릴대 사람인

흘러가는 세월은 사람을 기다리지 않는다. 즉 젊었을 때 시간을 아껴 부지런히 학문이나 일에 힘쓰라는 뜻이 담긴 말이다.

도연명陶淵明의《잡시雜詩》

도연명陶淵明은 송나라 시인으로 다음과 같은 글을 남겼다.

사람살이는 뿌리가 없으니, 부대끼는 것이 길가의 먼지 같네.

(人生無根蔕 飄如陌上塵 인생무근체 표여맥상진)

흩날리며 바람 따라 구르니 이것 이미 일상의 몸 아닐런가.

(分散逐風轉 此已非常身 분산축풍전 차이비상신)

떨어진 곳마다 형제 되거늘 어찌 골육만 가까이할까.

(落地爲兄弟 何必骨肉親 낙지위형제 하필골육친)

즐거우면 마땅히 음악을 듣고 이웃과 함께 한 말 술을 마시네.

(得歡當作樂 斗酒聚比隣 득환당작락 두주취비린)

좋은 날은 다시 오지 않으며 하루에도 새벽은 한 번뿐인 걸.

(盛年不重來 一日難再晨 성년부중래 일일난재신)

때맞춰 부지런히 힘쓰시게나, 세월은 사람을 기다리지 않는다네.

(及時當勉勵 歲月不待人 급시당면려 세월부대인)

시간의 중요함을 깨우쳐 주는 글이다.

송양지인 宋襄之仁

송나라 **송** 도울 **양** 어조사 **지** 어질 **인**

송나라 양공이 베푼 자애라는 뜻. 쓸데없는 동정이나 어리석은 행동을
비유하여 사용한다.

《춘추좌씨전春秋左氏傳》

춘추 시대 송宋나라에 양공襄公이 있었다. 그가 왕위에 오르자
나라에 운석隕石이 떨어졌다. 양공은 이는 천하의 패자가 될 징
조라며 야망을 품고 제齊나라를 쳐 추종 세력을 만들었다. 그 후
송宋·제齊·초楚 세 나라의 맹주盟主가 되었다.

그리고 나서 송나라를 무시하고 초나라와 국교를 맺은 정鄭
나라를 쳐들어가니 초나라가 정나라를 구하기 위해 대군을 파
병했다. 양공은 초나라와 홍수泓水라는 강을 마주하고 싸우게 되
었다.

그런데 양공의 송군은 이미 진을 치고 있었지만 초군은 막 강
을 건너는 중이었다. 이때 양공의 이복형 목이目夷가 말했다.

"적은 우세하고 아군은 열세이니 적이 강을 건너기 전에 공격

하는 것이 좋을 것이네."

그러나 양공은 듣지 않았다.

"그럴 수는 없습니다. 군자는 어떤 경우든 남의 약점을 노리는 비겁한 짓은 하지 않는 법입니다."

양공은 초나라가 진을 치고 군대를 정비한 다음에야 공격 명령을 내렸다. 그 결과 송나라는 초나라에 대패하고 말았다. 그리고 양공은 이 전쟁에서 허벅다리에 부상을 입고 그것이 악화되어 이듬해에 죽고 말았다. 이 사실을 알고 세상 사람들은 양공을 어리석은 사람이라고 비웃었다.

首丘初心

머리 **수** 언덕 **구** 처음 **초** 마음 **심**

여우는 구릉丘陵에 굴을 파고 사는데 죽을 때는 머리를 자기가 살던 구릉 쪽에 둔다. 즉 근본을 잊지 않는 마음, 고향을 그리는 마음을 뜻한다.

《예기禮記 · 단궁상편檀弓上篇》

《예기禮記》의 〈단궁상편檀弓上篇〉에 다음과 같은 이야기가 나온다.

'음악은 자연적으로 발생하는 바를 즐기며, 예禮란 근본을 잊지 않는 도리이다. 여우는 구릉丘陵에 굴을 파고 사는데 외지에서 죽을 때는 머리를 자기가 살던 굴 쪽으로 향한다. 이것은 회귀回歸의 본성 때문이다.'

고향을 그리는 마음, 즉 인仁은 미물인 여우도 가지고 있다.

여우가 죽을 때 머리를 구릉 쪽으로 돌리고 죽는 것은 인간이 고향을 그리는 예와 다를 바가 없다. 다른 말로 '호사수구狐死首丘'라고도 한다.

首鼠兩端
머리**수** 쥐**서** 두**량** 끝**단**

> 쥐가 구멍에서 머리를 내밀고 바깥으로 나갈까 말까 망설이는 모습을 빗댄 것으로 어떤 일에 쉽게 결정을 내리지 못하는 우유부단한 태도를 말한다.
>
> 《사기史記 · 위기무안열전魏其武安列傳》

한漢나라 무제武帝 때 두영竇과 전분田分이란 두 신하가 있었다. 두 사람 모두 왕의 외척으로 세력이 막강했으나 서로 원수처럼 지내 그들의 싸움은 나라의 논란거리가 되기에 이르렀다. 무제가 시비를 가리려고 신하들에게 의견을 물었으나 신하들은 두 사람의 권세가 두려워 누구 편도 들지 않았다.

어사대부御史大夫 한안국韓安國도 마찬가지였다. 그러자 전분이 한안국을 힐책했다.

"그대는 어찌하여 구멍에서 머리만 내밀고 좌우를 살피는 쥐처럼 망설인단 말이오(首鼠兩端)."

수석침류 漱石枕流
양치질수 돌석 베개침 흐를류

돌로 양치질하고 흐르는 물로 베개를 삼는다는 말로, 남에게 지기 싫어서 억지로 무리한 변명을 내세우는 것을 말한다.

《진서晉書 · 손초전孫楚傳》

손초孫楚는 진晉나라 사람이었다. 그는 글재주가 매우 뛰어났다. 하루는 친구인 왕제王濟와 담소를 나누던 중 손초가 실수로 "돌을 베개 삼아 눕고, 흐르는 물로 양치질한다(枕石漱流)."라고 해야 할 것을 반대로 "돌로 양치질하고 흐르는 물로 베개 삼는다(漱石枕流)."라고 말해 버렸다.

그러자 친구가 물었다.

"흐르는 물을 어떻게 베개로 벨 수 있는가? 그리고 돌로 어떻게 양치질을 한단 말인가?"

이렇게 따지자 손초는 재빨리 임기응변을 발휘했다.

"흐르는 물을 베개로 한다는 것은 세상의 쓸데없는 소리를 들었을 때 귀를 씻으려고 하는 것이고, 돌로 양치질을 한다는 것은 이를 튼튼하게 닦으려는 것일세."

이렇게 해서 나온 성어가 '수석침류漱石枕流'인데, 자기 논리나

행동이 어긋났는데도 옳다고 억지 부리는 것을 꼬집는 말이다.

樹 欲 靜 而 風 不 止

나무 **수** 하고자할 **욕** 고요할 **정** 써 **이**
바람 **풍** 아닐 **부** 그칠 **지**

나무가 조용히 있고자 하나 바람이 그치지 않는다. 원래는 자식이 부모에게 효도하려고 하나 부모가 이미 세상을 떠나 그럴 수 없는 것을 후회한다는 뜻이었으나 오늘날에는 외부로부터 오는 유혹으로 평정을 얻지 못하는 것을 비유하기도 한다.

《한시외전韓詩外傳》

공자孔子가 길을 가고 있는데 난데없이 곡성이 들렸다. 그 소리가 너무나 처량하여 절로 눈물이 날 지경이었다. 그래서 울음소리를 따라가 보니 고어皐魚란 사람이 베옷을 입고 손에는 낫을 쥐고 땅바닥에 주저앉아 울고 있었다. 공자가 수레에서 내려 물었다.

"그대는 초상 당한 것도 아닌데 어찌 그리 슬피 우는가?"

그러자 고어가 말했다.

"나무는 고요하려 하지만 바람이 그치지 않고, 자식이 철이 들어 부모에게 봉양하려 하지만 어버이가 이미 돌아가셨습니다(樹欲靜而風不止 子欲養而親不待也)."

이 말을 듣고 공자가 제자들에게 말했다.

"너희들은 이 사람의 말을 새겨들어라. 부모가 살아 계실 때 효도를 다하여야 한다."

부모가 살아 계실 때 효도하지 못한 슬픔을 일컫는 말로 '풍수지탄風樹之嘆', '풍목지비風木之悲'라고도 한다.

守株待兎

지킬 **수**　그루 **주**　기다릴 **대**　토끼 **토**

나무 그루터기에 앉아서 토끼가 오기를 기다린다는 말로, 융통성 없는 행동을 가리킨다. 노력하지 않고 요행을 바라거나 가만히 앉아서 일이 성사되기를 바라는 것을 말한다.

《한비자韓非子 · 오두편五篇》

춘추 시대 송宋나라에 한 농부가 있었다. 그가 하루는 밭에서 일을 하는데 토끼 한 마리가 쏜살같이 달려오더니 밭모퉁이에 있던 나무 그루터기에 부딪쳐 그만 목이 부러져 죽었다. 농부는 힘 하나 들이지 않고 토끼를 가지고 와서 맛있게 먹었다.

그때부터 농부는 농사일은 않고 토끼가 나무에 부딪쳐 죽기만을 기다렸다. 그러나 토끼는 두 번 다시 나타나지 않았다. 그 사이 밭에는 잡초만 무성하게 자라 농사를 지을 수 없을 정도로 망가졌다.

이와 비슷한 말로 집에 가만히 들어앉아 아무 일도 하지 않는다는 뜻의 주수가원株守家園이라는 말도 있다.

한비자는 요순堯舜시대를 이상으로 하는 왕도王道 정치는 '수

주대토守株待兎'만큼이나 시대에 뒤떨어진 낡은 습관이라고 비난했다.

사람들은 어찌 된 일인지 송나라 사람을 비웃는 관습이 있는데 여기서도 예외는 아니다.

한비자는 시대는 도는 것이 아니라 진화하는 것이고, '수주대토'는 낡은 상식의 그루터기로 비유될 수 있다고 했다.

순망치한 脣亡齒寒

입술 **순** 망할·잃을 **망** 이 **치** 찰 **한**

> 입술이 없으면 치아가 시리다는 말로, 한쪽이 망하면 비슷한 처지의
> 다른 한쪽도 같은 피해를 입는다는 뜻이다.
>
> 《춘추좌씨전春秋左氏傳》

춘추 시대 진晉나라 헌공獻公이 괵나라를 치려고 했다. 그러자
면 우虞를 지나야만 했다. 헌공은 우나라에 명마와 주옥 등 많은
뇌물을 보내 길을 통과할 수 있도록 허락해 줄 것을 요청했다.

우나라 왕은 뇌물 때문에 그 청을 받아들이려 했다. 그러나
진나라의 속셈을 뻔히 알고 있는 궁지기宮之奇라는 신하가 절대
길을 열어 주면 안 된다고 극구 반대했다.

"괵나라는 우리 우나라의 울타리로 보거상의輔車相依입니다.
괵나라가 멸망하면 우리나라도 반드시 멸망할 것입니다. 입술
이 없으면 이가 시리다고 한 것은脣亡齒寒은 바로 우나라와 괵나
라를 두고 한 말입니다."

그러나 뇌물에 눈이 어두워진 우나라 왕은 궁지기의 충고를

받아들이지 않았다. 그래서 진나라는 괵나라를 쳐들어가서 병합하였고, 그리고 돌아오는 길에 우나라마저 멸망시켜 버렸다. 결국 명마와 주옥 등은 잠시 우나라에 맡겨 두었던 것에 불과했다.

실사구시 實事求是

열매**실** 일**사** 구할**구** 옳을**시**

사실을 토대로 하여 진리를 구한다는 말. 즉 공상이나 막연한 가능성에 의지하지 않고 직접 확인하고 경험하면서 사실을 이끌어 내는 태도를 말한다.

《한서漢書 · 하간헌왕덕전河間獻王德傳》

하간헌왕河間獻王은 책을 사랑하고 독서를 매우 즐겼다.

그는 많은 고서들을 수집하기도 했는데, 그중엔 아주 비싼 책들도 많았다.

어느 날, 형 한무제漢武帝와 학문 토론을 했다. 그런데 그의 성실하고 경험에 바탕을 둔 지식이 한무제의 마음에 쏙 들었다. 그래서 한무제가 평하기를, "학문을 하되 옛것을 바탕으로 삼고, 반드시 사실에 근거해서 이치를 구하는구나(修學好古 實事求是)."라고 했다.

훗날 '실사구시實事求是'는 청淸나라 때 고증학考證學의 중심 사상이 되었다.

雁 書

기러기 **안** 편지 **서**

기러기의 발에 달린 글. 즉 기러기 편에 부친 편지를 말한다. 안신雁信, 안백雁帛 등으로 말하기도 한다.

《한서漢書 · 소무전蘇武傳》

한무제漢武帝 때 중랑장 소무蘇武가 사신의 일행으로 흉노국匈奴國을 방문했다가 외교 문제로 억류되고 말았다. 흉노 왕은 소무를 자기 편으로 끌어들이려 했으나 거부하자 시베리아로 유배보냈다. 그는 19년 동안 양을 치면서 버텼다.

한무제가 죽고 소제昭帝가 등극하여 흉노족과 화친을 하고자 사신을 보내는 편에 소무의 소식을 물었다. 흉노 왕이 모른다고 시치미를 떼자 이미 소식을 듣고 있던 사신이 반박했다.

"한나라 황제께서 사냥을 갔다가 기러기를 잡았는데 그 기러기 발에서 '소무는 대택大澤에 살고 있다.'란 편지를 보았습니다. 이로 미루어 그는 살아 있음이 분명합니다."

이에 흉노 왕은 사실을 고백하고 소무를 석방시켰다.

애옥급오 愛屋及烏

사랑할 **애** 집 **옥** 미칠 **급** 까마귀 **오**

그 집을 사랑해서 그 집 지붕 위에 앉아 있는 까마귀마저 사랑스럽다는 뜻이다. 아내가 예쁘면 처갓집 말뚝 보고 절한다는 말과 같이 그와 관계있는 것에까지 영향이 미친다는 뜻이다.

《상서대전尚書大典》,《설원說苑·귀덕편貴德篇》

주무왕周武王은 문왕文王의 뒤를 이어 즉위하자 군대를 이끌고 주왕紂王을 토벌하기 위해 떠났다. 목야牧野의 전투에서 상商나라를 멸망시킨 후 무왕은 천하를 어떻게 안정시킬 수 있을지 고민에 빠졌다. 이에 강태공姜太公에게 상나라의 권신 귀족들을 어떻게 처리하면 좋을지 물었다.

그러자 강태공이 말했다.

"신이 듣건대 한 사람을 사랑하면 그 지붕 위에 앉아 있는 까마귀마저 사랑하게 되고(愛人者 廉其屋上之烏), 한 사람을 미워하면 그의 종들까지도 미워한다고 합니다. 모두 죽여 버리는 것이 어떻습니까?"

당唐나라의 시인 두보杜甫도 어떤 사람을 사랑하게 되면 그 집

지붕 위에 앉아 있는 까마귀조차도 사랑스럽게 보인다고 노래
했다. '애옥급오愛屋及烏'란 이때부터 회자되었다.

良賈深藏若虛
좋을 **량** 장사꾼 **고** 깊을 **심** 감출 **장** 만약 **약** 빌 **허**

영리한 장사꾼은 값진 물건을 깊이 감춰 두고 상점이 텅 빈 것처럼 한다. 이는 선비와 학자가 지녀야 할 태도를 두루 말한 것으로 현인은 자신의 재능을 숨기고 드러내 보이지 않는 것을 말한다.

《사기史記 · 노담열전老聃列傳》

공자公子가 예禮에 대해 묻고자 노자老子를 방문했다. 노자는 왕실 도서관에서 사서司書와 같은 일을 하고 있었는데, 학문이 풍부하다는 평판評判이 자자했다.

공자가 물었다.

"예란 무엇입니까?"

노자가 대답했다.

"자네 또한 뼈는 다 썩어 없어지고 말만 남아 있군. 도대체 군자君子란 끊임없이 향상해서 관직에 나아가고 출세할 줄만 알았지, 유능한 장사꾼처럼 스스로를 감추어 마치 상점에 물건이 하나도 없는 것처럼 텅 비게 하지는 못하는가(良賈深藏若虛)? 자네도

무언가를 해보겠다는 욕심과 남에게 잘 보이려는 허영심을 버리게."

공자의 제자가 노자의 말에 반론을 제기하려 하자 공자가 말했다.

"새는 하늘을 잘 날지만 반면에 잘 나는 것은 화살에 맞기가 쉽다. 물고기는 헤엄을 잘 치지만 반면에 헤엄을 잘 치는 것은 낚시에 걸리기도 쉽다. 그러나 용은 구름과 바람을 타고 하늘 끝까지 솟구쳐 오르지만 아무도 보질 못한다. 노자는 바로 저 용과 같은 사람이니 함부로 나서서 결례하는 일이 없도록 하라."

노자의 말에서 무용지용無用之用의 정신을 엿볼 수 있다.

羊 頭 狗 肉

양**양** 머리**두** 개**구** 고기**육**

> 양의 머리와 개의 고기, 즉 양의 머리를 걸어 놓고 개고기를 판 고사에
> 서 유래한 말로, 겉으로는 선한 듯하나 속은 음흉한 행위나 표리부동表
> 裏不同한 얄팍한 술수를 가리킨다.
>
> 《안자춘추晏子春秋》,《후한서後漢書 · 광무기光武紀》

　춘추 시대 제齊나라 영공靈公은 남장男裝 여인을 좋아해서 궁궐
의 시녀들에게 남장을 시켰다. 그 결과 궁 밖의 일반 부녀자들
도 남장을 하고 다니게 되어 보기가 좋지 않았다.

　그러자 영공은 일반 여념 집 여인들은 남장을 못 하도록 금지
시켰다. 그런데 궁중에서는 여전히 남장을 하고 다녔으므로 안
자晏子가 영공에게 충고했다.

　"궁중에서는 여자들이 남자 복장을 하는 것을 허락하시면서
밖에 있는 백성들만 못 하도록 금지하고 있는데 이것은 양의 머
리를 문밖에다 걸어 놓고 안에서는 개고기를 파는 것과 같습니
다. 폐하께서는 이런 것을 고치셔야 합니다."

　영공은 그 말을 듣고서 궁중에서도 남장을 금지시켰다.

맹자는 이렇게 말했다.

"임금의 덕은 바람이요. 백성은 풀이므로 풀 위에 바람이 불면 바람이 부는 대로 쓰러진다."

스스로 솔선수범하지 않으면서 다른 사람에게 교화하는 것 또한 '양두구육羊頭狗肉'과 같다.

양상군자 梁上君子

들보 **량** 윗 **상** 임금 **군** 아들 **자**

> 대들보 위의 군자라는 말로, 집 안에 들어온 도둑을 비유하여 일컫는
> 말이다. 천장의 쥐를 말할 때도 쓴다.
>
> 《후한서後漢書 · 진식전陳寔傳》

후한後漢 말, 태구현太丘縣의 관리 진식陳寔이란 사람이 청렴하고 공명정대하게 백성들을 돌보았다. 그는 성품이 온화하여 아랫사람들의 고충을 잘 헤아려 사는 데 불편함이 없게 해주었으므로 백성들의 생활이 안정되었고, 사람들은 그를 존경했다.

어느 날 밤, 진식이 책을 읽는데 한 남자가 물건을 훔치려고 몰래 들어와서는 대들보 위에 올라가 숨었다.

그는 눈치를 챘으나 모른 체하고 책을 계속 읽었다. 그러나 그 남자가 나가지 않고 여전히 그대로 있자 그가 듣고 반성하게 하기 위해서 손자들을 불러 놓고 이렇게 말했다.

"나쁜 일을 하는 사람은 그 본성이 처음부터 나쁜 것은 아니다. 버릇이 어느새 습성이 되어서 악한 일을 하게 되는 것이다.

저 들보 위의 양상군자梁上君子가 바로 그렇다."

그러자 도둑은 들보에서 내려와 엎드려 용서를 빌었다. 진식은 그를 보고 조용히 타일렀다.

"자네의 얼굴을 보니 아주 잘생겼는데, 오죽이나 어려웠으면 이런 짓을 했겠나? 내가 적지만 얼마간의 물품을 보태 줄 테니 유용하게 쓰고, 이다음부터는 스스로 노력해서 살도록 하게!"

진식은 도둑에게 비단 두 필과 식량을 주어서 돌려보냈다.

진식의 이런 다스림은 온 고을에 퍼져 그 후부터는 그의 관할 구역에 도둑이 없어졌다.

'양상군자'는 해학적 표현으로 도둑 혹은 천장 안의 쥐를 일컫는다.

良藥苦口

어질량 약약 쓸고 입구

> 좋은 약은 입에 쓰다. 즉, 간사한 말은 듣기에 부드럽고, 충성스러운
> 말은 귀에 거슬린다는 뜻이다.
>
> 《사기史記 · 유후세가留侯世家》, 《공자가어孔子家語》

한漢나라 초, 천하를 통일한 유방劉邦이 진秦나라 함양咸陽의 황궁으로 들어가 보고 그 화려함에 마음을 완전히 빼앗겼다. 그러자 충신 번쾌樊噲가 황궁은 위험하니 밖에다가 진을 치고 머무는 것이 좋겠다고 충고했다. 그러나 그 말을 듣지 않자 이번엔 신하 장량張良이 간곡히 충고했다.

"진나라는 바로 환락 때문에 망했습니다. 또 하夏나라 역시 걸왕桀王의 호화롭고 잔혹한 정치 때문에 망했습니다. 천하를 얻기 위해서는 검소한 생활을 해야 합니다. 충고는 귀에 거슬리나 행실에는 도움이 되고, 좋은 약은 입에 쓰나 병을 고칠 수 있는 것입니다(忠言逆於耳而利於行 良藥苦於口而利於病)."

유방은 반성하고 진의 아방궁을 봉쇄한 뒤 수도로 돌아갔다.

쓴 약이 몸에 좋듯이 충고가 도움이 된다는 말이다.

漁父之利

고기잡을 **어** 아비 **부** 어조사 **지** 이로울 **리**

어부의 이익. 즉 조개와 도요새가 서로 싸우고 있는 사이에 어부가 힘들이지 않고 둘 다 잡아갔다는 고사에서 유래한 말로, 두 사람이 서로 다투는 사이에 제삼자가 이득을 본다는 뜻이다.

《전국책戰國策》

전국 시대 때 조趙나라의 혜문왕惠文王이 기근으로 어지러운 연燕나라를 공격하려 했다. 이에 연나라의 신하 소대蘇代가 혜문왕에게 말했다.

"제가 귀국으로 오느라고 역수易水의 강변을 지나는데 큰 조개가 입을 딱 벌리고 햇볕을 쬐고 있었습니다. 그런데 도요새 한 마리가 긴 부리로 그 조개를 쪼았습니다. 그러자 조개가 순간적으로 입을 다물어 도요새의 부리를 꽉 물자 도요새가 말했습니다.

'오늘 비가 오지 않고, 내일도 오지 않으면 너는 죽을 수밖에 없다.'

그러자 조개도 질세라 말했습니다.

'오늘도 못 빼내고, 내일도 못 빼내면 너도 죽을 것이 분명하다.'

이처럼 서로 정신 없이 싸우고 있는데 마침 지나가던 어부가 둘을 모두 잡아갔습니다. 조나라와 연나라가 이런 상태이니 진秦나라가 어부가 될까 심히 염려됩니다. 심사숙고하시옵소서!"

소대는 합종책合縱策을 폈던 6국의 재상 소진蘇秦의 동생답게 차분히 설득했다.

혜문왕은 그 말에 공감하여 연나라 공격을 중단했다. 이 고사에서 '어부지리漁父之利'란 말이 나왔다.

'휼방상쟁鷸蚌相爭'이라고도 한다. 여기서 휼鷸은 '도요새 휼'이고 방蚌은 '조가비 방'이다.

餘 桃 之 罪

남을 **여** 복숭아 **도** 어조사 **지** 죄 **죄**

먹던 복숭아를 준 죄라는 말로, 사랑을 받을 때는 용서되다가 사랑이 식고 난 뒤 죄가 되는 경우를 말한다. 애정과 증오의 변화를 뜻한다.

《한비자韓非子 · 설난편說難篇》

위偉나라에 미자하彌子瑕라는 소년이 있었다. 그는 잘생긴 덕분에 왕의 극진한 사랑을 받았다.

어느 날, 미자하는 어머니가 편찮으시다는 소식을 들었다. 그래서 급한 김에 왕의 허락을 받은 것처럼 속여 왕의 수레를 타고 문병을 다녀왔다.

그때의 법에는 누구든지 왕의 수레를 몰래 쓰면 발꿈치를 베는 형벌(월형刖刑)을 받도록 되어 있었다. 그러나 왕은 그 이야기를 듣고도 벌을 주기는커녕 그의 효성을 칭찬했다.

"미자하의 효성이 실로 지극하도다! 아픈 어머니를 위해 월형도 두려워하지 않다니……."

하루는 왕이 미자하의 과수원을 방문했는데 마침 미자하는 복

숭아를 먹고 있다가 하도 맛이 있어서 나머지 반쪽을 그대로 왕에게 바쳤다. 왕은 마다하지 않고 맛있게 받아먹으며 칭찬했다.

"미자하가 나를 사랑하는 마음이 지극하구나! 자신이 먹던 것이라는 사실조차 잊고 내게 바치다니……."

이렇게 미자하에 대한 사랑이 지극하던 왕도 세월이 흘러 미자하가 늙자 태도가 달라졌다. 왕이 미자하를 보더니 소리쳤다.

"네 이놈, 너는 지난날 내 수레를 함부로 훔쳐 탔고, 먹다 남은 복숭아를 무례하게 그대로 나에게 준 적이 있지? 고얀 놈!"

세월이 흘러 상황이 바뀌자 칭찬받았던 일도 오히려 화가 되어 벌을 받는 일이 된 것이다.

緣木求魚

인연 **연** 나무 **목** 구할 **구** 고기 **어**

나무에 올라 물고기를 구하다. 불가능한 일을 무리하게 억지로 하려 하거나, 허무맹랑한 욕심이나 불가능한 일을 하려는 것을 비유한다.

《맹자孟子 · 양혜왕장구梁惠王章句》

전국 시대 때 제齊나라 선왕宣王은 오직 부국강병富國强兵에 열을 올렸다. 그러자 맹자孟子가 충고했다.

"왕께서 천하를 통일하고 오랑캐까지 복종시키려는 것은 마치 나무에 올라가서 물고기를 낚으려는 것과 같습니다(緣木求魚). 실제로 나무에 올라가 물고기를 구하는 것은 비록 고기는 얻지 못하더라도 재앙은 없습니다. 그러나 무력으로 원하는 바를 얻고자 한다면 큰 피해가 뒤따를 것입니다. 결국은 백성을 잃고, 나라를 망하게 하고, 재난만 닥칠 뿐, 원하는 결과는 오지 않을 것입니다."

오월동주 吳越同舟

나라이름**오** 넘을**월** 같을**동** 배**주**

오吳나라와 월越나라 사람이 같은 배에 타고 있다는 말로, 아무리 원수
지간이라도 한배에 탄 이상 목적지에 도착할 때까지 서로 운명을 같이
할 수밖에 없다는 뜻이다. 사이가 좋지 못한 사람들이 한자리에 동석
하거나 같은 일을 하게 되는 경우를 가리킨다.

《손자병법孫子兵法 · 구지편九地篇》

손무孫武의 《손자병법孫子兵法》에는 싸움에서의 전략전술 외에
삶의 교훈도 수록되어 있다.

오吳나라와 월越나라는 오랜 역사를 두고 사이가 좋지 않았다.

어느 날, 두 나라 백성이 함께 배를 타고 강을 건너게 되었는데 강 한복판에 이르렀을 때 갑자기 태풍이 휘몰아쳤다. 심각한 사태가 닥치니 오직 살아남기 위해 서로가 사사로운 원한을 뒤로하고 단결할 수밖에 없었다.

이처럼 평소 원수처럼 지내던 사람이 같은 목적을 이루기 위해서 서로 힘을 합해 노력하는 것을 '오월동주刻舟求劍'라 한다.

이는 상대를 위해서가 아니라 자기의 이익을 위해서다.

옥상가옥 屋上架屋

집**옥** 윗**상** 시렁**가** 집**옥**

> 지붕 위에 또 지붕을 얹는다는 말로, 공연한 헛수고를 이중으로 하는 것을 가리키는 말이다. 즉 필요 없는 일을 이중으로 하는 것을 말한다.
>
> 《세설신어世說新語 · 문학편文學篇》

동진東晉에 유중초庾中初라는 사람이 있었다. 그는 수도인 건강健康의 아름다움을 묘사한 《양도부揚都賦》라는 책을 썼다.

이를 친척인 유량庾亮에게 보내자 유량은 그 책이 좌태충左太沖의 《삼도부三都賦》와 비교해도 조금도 손색이 없다며 칭찬을 아끼지 않았다. 그러자 사람들이 너도나도 《양도부》를 베끼려고 종이를 사 가는 바람에 장안의 종이가 귀해질 정도였다.

이와 같은 경박한 풍조에 대해 태부太傅 사안석謝安石은 '《양도부》는 지붕 밑에 지붕을 걸쳤을 뿐 옥하가옥屋下架屋이다. 결국 남의 것을 모방해서 만든 독창성이 결여된 글'이라고 비판했다.

남북조 시대 안지추顏之推라는 학자가 자손들 훈육을 위해 《안씨가훈顏氏家訓》이라는 책을 출간했는데 그 머리에 다음과 같이 적혀 있다.

'위진魏晉 이후에 나온 책들은 그 내용이 서로 중복되고 그야 말로 지붕 위에 지붕을 더한 것이고(屋上架屋), 평상 위에 평상을 만든 것과 같다(牀上施牀爾).'

이 말은 공연한 수고를 하거나 필요 없는 일을 가리키는 말로 전이되었다.

원본엔 '옥하가옥'이라고 되어 있는데 오늘날엔 '옥상가옥屋上架屋'으로 바뀌었다.

玉石混淆

구슬**옥** 돌**석** 섞을**혼** 뒤섞일**효**

> 옥과 돌이 한데 뒤섞여 있다는 말로, 좋은 것과 나쁜 것이 뒤섞여 있어서 그것을 구별하기가 어려울 때에 사용하는 말이다.
>
> 《포박자抱朴子》

'포박자抱朴子'는 동진東晉 시대 갈홍葛洪의 호이다. 그가 지은 책《포박자》에 다음과 같은 말이 있다.

'《시경詩經》과《서경書經》이 바다라면 제자백가諸子百家의 글은 시냇물이라 할 수 있지만 덕을 담는 데는 다를 수 없다.

옛사람들은 곤륜산의 옥이 아니면 버려 버리고, 성인의 글이 아니면 수양에 도움이 되지 않는다 해서 소홀히 취급했다.

또 소견이 짧은 사람들은 외모 꾸미기에만 몰두하고 글에 담겨 있는 깊은 뜻은 헤아리지 못했다.

참됨과 거짓이 뒤집히고 옥과 돌이 뒤섞였다(玉石混淆). 좋은 음악을 천한 음악과 같이 취급하고, 아름다운 옷을 들옷과 같이 다루었다.'

사람들은 흔히 마음을 가꾸는 것보다 외양을 가꾸는 것을 중요시한다. 또 글을 읽을 때 그 깊은 뜻을 이해하려 하지 않고 그냥 간과해 버린다.

'옥석혼효(玉石混淆)'는 이렇듯 좋은 것과 나쁜 것이 뒤섞여 좋고 나쁨을 구분하지 못할 때 쓰이는 말이다.

온고지신 溫故知新

따뜻할 **온** 연고 **고** 알 **지** 새 **신**

> 옛것을 익힘으로써 그것을 통하여 새로운 지식을 얻게 된다는 말로,
> 옛것을 익혀 새것을 알아야 발전이 있다는 뜻이다.
>
> 《논어論語의 · 위정편爲政篇》

공자孔子가 말했다. "옛것을 익혀 새로운 사실을 알면 가히 스승이 될 수 있다(溫故而知新 可以爲師矣)."

《중용中庸》에도 이 말이 나오는데 정현鄭玄은 이렇게 주석을 달았다.

'온溫은 심온沈溫으로, 옛것을 찾는다는 뜻이다. 배운 것을 따뜻하게 품어 반복해서 익히는 것을 온고溫故라고 한다.'

주자朱子도 '옛것에서 새로운 것을 찾는 것'이라고 했다.

과거의 문화를 이해하고 받아들이지 않고서는 미래의 발전을 꾀할 수 없다는 것이 유가儒家의 근본적인 역사관이고, 문화관이다.

와 우 각 지 쟁 蝸牛角之爭

달팽이와 소우 뿔각 어조사지 다툴쟁

달팽이 뿔의 싸움이라는 말로, 사소한 일로 다투거나 우기는 행위를 뜻한다. 작은 일을 심각하게 생각하고 대립하는 것을 야유하는 말이다.

《장자莊子 · 칙양편則陽篇》

전국 시대 때 중국 전역은 작은 나라들의 영토 전쟁이 끊일 날이 없었다. 위魏나라의 혜왕惠王 또한 제齊나라가 맹약을 깨 전쟁을 하려 했다. 이에 현자 대진인戴晉人에게 의견을 묻자 대진인이 이렇게 충고했다.

"옛날 달팽이의 왼쪽 촉수 위에는 촉씨觸氏라는 나라가 있었고, 오른쪽 촉수 위에는 만씨蠻氏라는 나라가 있었습니다. 그들은 영토 전쟁을 벌여 수많은 인명을 죽인 뒤 15일 만에야 겨우 전쟁을 멈추었다고 하옵니다."

"그런 엉터리 이야기가 어디 있소?"

"그렇다면 비유를 다시 들어 보겠습니다. 이 우주의 사방상하四方上下에 끝이 있다고 보십니까?"

"그야 끝이 없지."

"하오면 무궁한 저 우주 속에 마음의 세계가 있어 마음껏 노닐게 한다면 지상의 나라 경계 따위는 있어도 그만 없어도 그만, 하찮은 것이 아니겠습니까? 생각해 보십시오. 많은 나라 가운데 위나라가 있습니다. 위나라 안에 개봉開封이라는 도읍이 있으며, 그 도읍 안에 전하가 계시는 궁궐이 있습니다. 그러나 저 우주의 무궁한 크기에 비한다면 지금 제나라와 전쟁을 하시려는 것은 달팽이 촉각觸角 위의 촉씨와 만씨가 싸우는 와각지쟁蝸角之爭과 다를 바가 무엇이란 말입니까? 우주는 넓습니다. 이 넓은 우주 속에 세상은 정말 작은 것에 불과합니다."

이 말에 혜왕은 전쟁을 중지하고 대진인을 향해 저 사람은 성인聖人도 따르지 못할 만큼 대단한 사람이라고 했다.

와신상담 臥薪嘗膽

누울 **와** 땔나무 **신** 맛볼 **상** 쓸개 **담**

땔나무 위에 누워서 쓸개를 맛본다는 말로, 복수심을 품고 그 뜻을 이루기 위해 고난과 고초를 참으면서 심신을 단련함을 비유한 말이다.

《사기史記 · 월왕구천세가越王句踐世家》

오吳나라 왕 합려闔閭가 월越나라로 쳐들어갔다. 그러나 합려는 월나라에서 쏜 화살을 손에 맞고 구천句踐에게 패하였다. 그는 죽기 직전 아들 부차夫差를 불러 놓고 복수해 줄 것을 간곡히 부탁하였다.

그 후 부차는 장작 위에 누워 자며 사람들에게 "부차야! 월나라 사람이 너의 아버지를 죽인 것을 잊었느냐?"라고 소리치게 하고, 그때마다 이렇게 대답했다.

"예, 결코 잊지 않았습니다. 3년 안에 반드시 원수를 갚겠습니다."

월나라 왕 구천은 부차의 소문을 듣고 참모 범려范의 간청에도 불구하고 기선을 제압하려고 먼저 오나라로 쳐들어갔다.

그러나 부차에게 대패하고 오천 명의 군사만을 거느리고 회계산會稽山으로 도망쳤으나 결국 부차에게 항복하고 그의 말먹이꾼이 되었다.

그때 오나라의 오자서伍子胥는 부차에게 구천의 목을 쳐야 한다고 주장했다. 그러나 부차는 구천으로부터 뇌물을 먹은 백비의 진언을 받아들여 귀국을 허락했다.

그렇게 갖은 모욕을 겪고 월나라로 돌아온 구천은 자기의 잠자리 옆에 쓸개를 걸어 놓고 앉으나 서나 그것을 핥으며(臥薪嘗膽) 마음속으로 복수의 칼을 갈았다.

10년 후, 월나라를 부강하게 만든 구천은 다시 오나라를 공격하여 대승했다. 구천은 그를 용동에서 여생을 살도록 배려해 주었으나 자결하고 말았다.

사이가 좋지 않은 사람은 '오월지간吳越之間'이라고 한다.

요원지화 燎原之火

화톳불 **료** 언덕 **원** 어조사 **지** 불 **화**

무서운 기세로 번져 가는 벌판의 불길이라는 말로, 세력이 막강하여 막을 수 없는 기세를 비유하는 말이다.

《서경書經 · 반경편盤庚篇》

은殷나라 탕湯왕의 10대손인 반경盤庚이 황하의 수해를 피하기 위해 수도를 옮겼다. 그때 관직에 있는 사람들에게 천도의 이유를 설명하고 설득한 내용이 《서경書經》〈반경편盤庚篇〉에 담겨 있는데 그 상편에 이런 말이 있다.

"너희들은 어찌 민중을 공포 속에 몰아넣고 있느냐! 불이 들판을 태우면 그 엄청난 기세에 눌려 감히 접근할 수 없지 않느냐.(火之燎于原不可 嚮邇) 그것은 너희들이 스스로 편안치 못하게 만든 것이므로 나에게 허물이 있는 것이 아니다."

'요원의 불길'이란 말은 여기서 유래된 것이다.

牛角掛書

소우 뿔각 걸괘 책서

소뿔에 책을 건다. 즉 촌음寸陰을 아껴 독서에 열중하는 사람을 비유하는 말이다.

《신당서新唐書 · 이밀전李密傳》

수隋나라 때 이밀李密이란 사람이 있었다. 그는 짧은 시간도 아껴 학문에 전념했다.

한번은 그가 존경하는 포개包愷 선생이 유산緱山에 살고 있다는 소식을 듣고 찾아가게 되었다. 그는 가는 도중의 시간조차

아까워 책을 소뿔 위에 걸어 놓고 읽으며 갔다.

그는 책 읽기에 너무나 집중한 나머지 조금도 움직이지 않아 남이 보기에는 마치 소 등에 얹혀 있는 조각과 같았다.

그때 재상 양소楊素가 이밀의 그런 모습을 목격하고 세상에 아직도 저렇게 열심히 공부하는 사람이 있는가 감탄하며 몰래 그의 뒤를 쫓아갔다.

마침내 이밀이 책의 마지막 장을 넘기고 다른 책을 읽으려고 할 때 돌연 양소가 가까이 다가가 무엇을 읽었느냐고 물었다. 그러자 이밀은 귀찮다는 듯 무뚝뚝하게 겨우 한마디 했다.

"항우전을 읽고 있습니다."

그리고 다시 책장을 넘기면서 갈 길을 재촉했다.

이렇게 열심히 공부한 이밀은 수나라가 혼란에 빠져 있던 시기에 군사를 일으켜 왕업을 도모했으나 왕세충王世充에게 패한 후, 다시 당나라에서 반란을 꾀하다 성세언盛世彥에게 죽고 말았다.

이밀의 고사에서 '우각괘서牛角掛書'란 말이 유래되었다.

우공이산 愚公移山

어리석을 **우** 공변될 **공** 옮길 **이** 뫼 **산**

우공이 산을 옮기다. 즉 어떠한 난관이라도 굳센 의지를 가지고 노력하면 무엇이든지 이룰 수 있다는 뜻이다.

《열자列子·탕문편湯問篇》

옛날 북산에 우공寓公이란 사람이 있었다. 그는 90이 다 된 노인으로 좀 어리석은 편이었다.

그의 집 앞은 거대한 태행산太行山과 왕옥산王屋山이 가로막고 있었다. 두 산은 밑자락이 700리에 높이가 만 길이나 되어 집으로 왕래하기가 몹시 불편했다. 하여 우공이 식구들과 의논했다.

"나는 이 산을 깎아 평지로 만들고 싶은데 어떻게 생각하느냐?"

그러자 모두들 찬성하는데 그의 아내만이 우공이 늙은 데다가 그 많은 흙과 돌을 어디다 버릴 거냐며 반대했다. 그러나 그는 다음 날부터 일을 시작해서 파낸 흙은 발해 해변에 버렸다. 그러자 이웃에 사는 과부 경성씨京城氏 가족도 일손을 도왔다. 그것을 본 지수智叟라는 사람이 우공에게 충고했다.

"지금 당신 나이가 몇인데 그 큰산을 파 옮기겠다는 겁니까? 내가 보기에는 그 산의 귀퉁이 하나도 다 옮기지 못하고 죽을 것 같은데."

그러자 우공이 말했다.

"당신은 경성 과부네 어린애만도 못하구려. 나는 곧 죽더라도 나에게는 자식이 있고, 그 자식이 손자를 낳고, 그 손자가 다시 자식을 낳지 않겠는가? 이렇게 대대손손 대를 이어 나른다면 언젠가는 산이 평평해질 날이 오지 않겠는가?"

지수는 아무 말도 하지 못했다.

산신령이 그 소문을 듣고 우공의 각오가 심상치 않아 언젠가는 산이 없어질까 봐 두려웠다. 그래서 하늘에 있는 신에게 호소했다. 그러자 신은 산신령의 호소와 우공의 정성을 모두 받아들여서 태행산은 삭동으로, 왕옥산은 옹남으로 옮겨 주었다.

읍참마속 泣斬馬謖

울읍 벨참 말마 일어날속

> 눈물을 흘리면서 마속의 목을 베다. 즉 큰 목적과 대의를 위해서는 아끼는 사람도 과감히 죽인다는 말이다.
>
> 《삼국지三國志 · 촉지蜀志 · 제갈량전諸葛亮傳》

삼국 시대 촉蜀나라 제갈량諸葛亮은 위魏나라를 공격하기 위해 성도成都를 출발하여 한중漢中으로 들어섰다.

그러자 조조曹操가 위의 명장 사마의司馬懿에게 20만 대군으로 맞서게 했다.

제갈량은 그에 대한 대비책도 마련해 두고 있었지만 요충지 가정街亭이 문제였다. 전략상 중요한 이곳이 만약 위의 수중으로 떨어진다면 보급로가 차단되기 때문이었다.

그의 부하 중에 마량馬良의 아우 마속馬謖이 있었다. 그는 재기가 넘쳐 제갈량이 친동생처럼 아끼던 부하였다. 그가 나서며 말했다.

"제게 그 소임을 맡겨 주십시오. 결단코 지키겠습니다."

제갈량이 못 미더워하며 말했다.

"군령軍令은 무서운 것이다."

"알고 있습니다. 제가 만약 군령을 수행하지 못할 땐 저의 일가 권속까지 처벌하여 주십시오."

너무나 당당하게 나오자 제갈량은 승낙해 주었다.

그러나 마속은 위군에게 요지要地를 빼앗기고 말았다.

한중으로 퇴각한 제갈량은 눈물을 흘리며 군법에 따라 마속의 목을 베었다.

마속은 아까운 장수였지만 기강을 바로잡기 위해 어쩔 수 없이 처단했던 것이다.

이하부정관 李下不整冠

오얏나무 **리** 아래 **하** 아닐 **부** 가지런할 **정** 갓 **관**

오얏나무 밑에서는 갓을 고쳐 쓰지 말라. 즉 오얏나무 밑에서 갓끈을 고쳐 쓰느라 손을 올리면 과일을 따려는 것으로 오해를 받게 되니 의심받을 만한 일은 아예 하지 말라는 뜻이다.

유향劉向의《열녀전列女傳》,《문선文選 · 악부樂府》

제齊나라 위왕威王이 왕위에 있었으나 실권은 주파호周破胡가 쥐고 있었다. 하루는 위왕의 후궁 우희虞姬가 주파호의 행동이 도에 넘친다고 호소했다.

"주파호는 조심해야 할 사람으로 등용하시면 안 됩니다. 그 대신 북곽 선생北郭先生을 등용하십시오."

이 말이 주파호의 귀에 들어가자 주파호가 대단히 노해서 위왕에게 우희와 북곽 선생의 사이가 남다르다고 거짓으로 고해 바쳤다. 그래서 왕은 우희를 감금하고 사실 여부를 조사하게 했다. 그러자 주파호는 관원을 사주하여 그것이 사실인 것처럼 꾸며 올렸다.

위왕은 믿기지 않아 직접 그녀에게 묻자 그녀가 대답했다.

"옥돌은 진흙 속에 묻혀 있어도 더렵혀지지 않고, 유하혜柳下惠는 겨울밤 이불 속에 재워도 의심하는 사람이 없었다고 합니다.

저는 10여 년 동안 진심으로 폐하를 위해 힘을 다했습니다만 지금 이렇게 주파호의 모함에 휘말리고 말았습니다. 참외 밭에서 신발을 고쳐 신다 보면 마치 참외를 도둑질하는 것처럼 보이고(瓜田不納履), 오얏나무 밑에서 갓을 고쳐 쓰면 오얏을 따는 것처럼 보인다는 말이 있습니다(李下不整冠).

제가 이렇듯 모함 받는 것은 신첩이 평소에 신뢰를 받지 못했기 때문이기는 하지만 누구도 사실을 바르게 말하는 사람이 없는 것은 그만큼 주파호의 위력이 크기 때문입니다."

우희가 진심을 들은 위왕은 마침내 주파호를 기름 가마에 넣어 죽이고 직접 나서서 정치를 바로잡았다. 그러자 제나라는 크게 안정이 되었다.

切磋琢磨

벨 절 · 갈·탄식할 차 · 옥다듬을 탁 · 갈 마

옥이나 보석을 끊고 갈아 빛내다. 즉 어떤 일을 하는 데 성과를 거두기
위해 최선을 다해 노력함을 일컫는다.

《시경詩經 · 위풍편衛風篇》,《논어論語 · 학이편學而篇》

《시경詩經》에 다음과 같은 위魏나라 무공武公의 덕을 찬양하는
시가 있다.

저 기수 물굽이를 바라보니 (瞻彼淇奧 첨피기욱)

왕골과 마디풀이 우거져 있네. (綠竹猗猗 녹죽의의)

깨끗하신 우리 님이여, (有匪君子 유비군자)

끊는 듯 닦는 듯 쪼는 듯 가는 듯

(如切如磋 如琢如磨 여절여차 여탁여마)

묵직하며 위엄 있네, (瑟兮僩兮 슬혜의혜)

훤하고 의젓하시네. (赫兮喧兮 혁혜훤혜)

깨끗하신 우리 님이여, (有匪君子 유비군자)

끝내 잊을 수가 없네. (終不可諼兮 종불가훤혜)

또 《논어論語》의 〈학이편學而篇〉에 다음과 같은 대화가 나온다.

자공子貢이 공자에게 물었다.

"가난하면서도 아첨하지 않고(貧而無諂), 부유하면서 교만하지 않다면(富而無驕) 어떻습니까?"

공자가 말했다.

"괜찮다. 그러나 가난하면서도 도를 즐기고(貧而樂道), 부유하면서도 예를 좋아하는 것만은 못하다(富而好禮)."

자공이 되물었다.

"시경에 나와 있는 군자는 칼로 자르는 듯하고, 줄로 스는 듯하며, 끌로 쪼는 듯하고, 숫돌로 가는 듯하다는 것은 학문과 자기 수양을 말하는 것입니까?"(君子 如切如磋 如琢如磨 如切如磋者 道學也 如琢如磨者 自修也)

공자가 다시 대답했다.

"지나간 것을 알려 주면 앞으로 올 것까지 알아내는 것을 보니 이제야 너와 더불어 이야기할 수 있겠구나."

정중지와 井中之蛙

우물 **정** 가운데 **중** 어조사 **지** 개구리 **와**

우물 안 개구리라는 말로, 좁은 소견을 말한다. 우물 속의 개구리는 우물이 전 세계인 줄 안다. 그러나 우물 밖의 황하는 헤아릴 수 없이 넓고, 바다는 그보다 더 넓다.

《후한서後漢書 · 마원전馬援傳》,《장자莊子 · 추수편秋水篇》

황하黃河의 신 하백河伯이 북해의 신 약若에게 물었다.

"나는 이제껏 황하가 가장 넓은 줄 알고 있었습니다. 그런데 오늘 끝없이 넓은 바다를 보고서야 넓은 것 위에 더 넓은 것이 있다는 것을 깨달았습니다. 여름 벌레가 얼음에 대해 말할 수 없는 것은 여름 한 철밖에 모르기 때문입니다. 한 가지 일밖에 모르는 사람과 도道에 대해서 말할 수 없는 것은 자기가 아는 그 한 가지에 속박되어 있기 때문입니다. 만약 내가 이 끝없는 바다를 와보지 않았다면 영원히 웃음거리가 될 뻔 했습니다."

그러자 북해의 신이 말했다.

"우물 안 개구리에게 바다에 관해 말할 수 없는 것은 개구리는 자기가 사는 곳에만 갇혀 있어 그 안이 전부인 줄로만 알기 때문이오.

그런데 그대는 강에서 나와 큰 바다를 보고 자신의 부족함을 깨달았으니 함께 진리를 말할 만하오이다."

후한 때 공손술公孫述이 사천 지방에 웅거하며 스스로 촉蜀의 황제라고 칭했다. 그러자 고향 친구 마원馬援이 공손술의 인물됨을 알아보기 위해 찾아가니 무장한 군사들을 도열시켜 놓고 거드름을 피웠다. 그것을 보고 이렇게 말했다.

"공손술은 좁은 땅에서 으스대는 재주밖에 없는 '우물 안 개구리'였다."

당나라의 대문장가 한유韓愈는 〈원도原道〉라는 글에서 다음과 같이 썼다.

'우물 안에 앉아서 하늘이 작다고 하는 것은 하늘이 작아서가 아니다(座井而觀天 所謂天小者 非天小也).'

이 말 외에도 '좌정관천座井觀天', '정저지와井底之蛙', '정중시성井中視星', '정와지견井蛙之見'
등이 있다.

조강지처 糟糠之妻

지게미 **조** 겨 **강** 어조사 **지** 아내 **처**

술 찌꺼기와 쌀겨로 끼니를 이어가며 고생을 같이해 온 아내라는 말로, 곤궁할 때부터 고난을 함께 겪은 본처를 첩과 구별해서 사용하는 말이다.

《후한서後漢書·송홍전宋弘傳》

광무제光武帝는 전한前漢을 찬탈한 왕망王莽을 멸하고 유씨劉氏의 후한後漢을 세웠다. 그에게는 누이 호양공주湖陽公主가 있었는데 그녀를 재혼시키려고 의향을 물어보았다. 이에 호양공주가 말했다.

"인품이나 기량 등을 보아 송홍宋弘이 아니면 재혼하지 않겠습니다."

송홍은 비속한 음악을 듣는 광무제에게 서슴없이 간할 정도로 강직한 인물로, 본부인이 있었다.

어느 날, 광무제는 조용히 송홍을 불러 물었다.

"사람이 지위가 높아지면 옛 친구를 버리고 지위가 높은 사람들하고만 사귀고자 하며, 부자가 되면 아내도 바꾼다는 속담이 있는데 그대는 그것이 인지상정人之常情이라고 생각하지 않소?"

그러자 송홍이 대답했다.

"저는 어려울 때 사귄 친구는 결코 잊어서는 안 되며 술 찌꺼기와 쌀겨를 먹으며 고생을 같이 한 아내는 내보내면 안 된다고 생각합니다.(貧賤之交 不可忘, 糟糠之妻 不下堂)."

광무제는 그 이야기를 누이에게 전하며 말했다.

"미안하다. 일이 틀린 것 같다."

아무리 황제일지라도 본인의 의사를 무시할 수는 없었던 것이다.

酒池肉林
술**주** 못**지** 고기**육** 수풀**림**

술로 연못을 만들고 고기로 숲을 이룬다는 말로, 호화스럽고 방탕한 생활을 뜻한다. 지나치게 사치스러운 술잔치를 비유하는 말이기도 하다.

《사기史記 · 은본기殷本紀》

하夏의 걸왕桀王이 유시씨국有施氏國을 정복해서 공물로 받은 말희末喜라는 여자에게 반했다. 그래서 그녀의 호감을 얻기 위해 그녀의 제안에 따라 궁궐 안에 연못을 파게 하고, 바닥에는 새하얀 옥돌을 깐 후, 그 안에 향기로운 술을 가득 부어 놓고 배를 띄워 타고 다니면서 마시고, 나무마다 고기를 걸어 놓아 안주로 뜯어 먹는 등 호화로운 생활을 즐겼다.

또 상아와 보석으로 궁전을 장식하고 옥으로 만든 침대에서 밤마다 환락에 빠졌다. 그뿐 아니라 미소녀美少女 3천 명에게 화려한 옷을 입혀 무악舞樂을 벌이는 한편, 남녀 모두 옷을 발가벗겨 밤낮없이 술을 퍼마시며 즐겼다.

자연히 백성들의 원성이 높아지고, 제후 중에는 이탈자가 생겼다. 그러자 그들을 막으려고 불구덩이 위에 기름을 칠한 구리 기둥을 걸쳐 놓고 그 위를 걸어가게 하는 포락지형炮烙之刑이란 형벌도 창안해 냈다. 이렇게 7년이라는 긴 세월 동안 지속되다가 주周나라의 시조 무왕武王에 의해 멸망하고 말았다.

지록위마 指鹿爲馬

가리킬 **지** 사슴 **록** 할 **위** 말 **마**

> 사슴을 가리켜 말이라고 하다. 즉 잘못된 일을 옳다고 우기는 것을 뜻한다.
>
> 《사기史記 · 진이세기秦二世紀》

진秦나라에 환관 조고趙高가 있었다. 그는 진시황이 죽자 권력을 장악하기 위해 진시황의 죽음을 비밀에 부치고 큰아들 부소扶蘇를 자결하게 한 후, 어리고 용렬한 둘째 아들 호해胡亥를 2대 황제로 추대한 다음에야 진시황의 죽음을 세상에 알렸다. 그리고 자신은 승상이 되어 실권을 장악했다. 그러나 그는 이에 만족하지 않고 황제 자리까지 넘봤다.

그는 모반에 앞서 군신들의 의사를 시험해 보려고 꾀를 냈다. 즉 사슴 한 마리를 호해 황제에게 바치면서 말이라고 했다.

황제는 기가 막혀서 웃으며 말했다.

"승상이 잘못 알았소. 사슴을 어째서 말이라고 하오?"

조고가 말했다.

"아닙니다. 이것은 분명히 말이옵니다. 믿지 못하시겠다면 여기 있는 대신들에게 물어보십시오."

그래서 호해 황제가 대신들에게 물으니 대신들은 조고의 위압에 짓눌려 대부분 말이라고 대답했다. 그중 정직하게 사슴이라고 대답한 사람은 불과 몇 명에 지나지 않았다.

조고는 사슴이라고 사실대로 대답한 신하들을 모두 터무니없는 죄목으로 사형시켰다. 그 후로 모두 조고를 두려워해서 아무도 그의 잘못을 지적하지 않았다.

그러나 그처럼 악랄한 조고 또한 3대 황제 자영子嬰에게 죽임을 당했다. 그리고 진시황이 천하를 통일한 지 얼마 지나지 않아서 진나라도 멸망하고 말았다.

天高馬肥

하늘 **천** 높을 **고** 말 **마** 살찔 **비**

하늘은 높고 말은 살찐다. 즉, 먹을 것이 풍부하고 활동하기 좋은 가을을 이르는 말이다.

두보杜甫의 시 〈두심언杜審言〉

중국 북방의 흉노족匈奴族은 은殷나라 초엽부터 진晉나라 때까지 초원을 누비면서 유목 생활을 했다.

이들은 넓은 초원지대에서 말을 기르면서 살았기 때문에 남녀노소를 불문하고 말을 잘 탔다. 또 달리는 말에서 활을 쏘는 솜씨 또한 귀신같았다.

그들은 가을철이 되면 식량을 확보하기 위해 남쪽 지방으로 내려와 약탈을 했다. 그래서 군주들은 그들의 침입을 막기 위해 고심했는데, 전국 시대에는 연燕·조趙·진秦 등이 북방 변경에 성벽을 쌓았다. 또 천하를 통일한 진시황秦始皇도 그들을 막기 위해 유명한 만리장성萬里長城을 쌓았다.

흉노족이 싸움에서 승리했던 까닭은 남녀노소를 막론하고 승마乘馬에 능했기 때문이었다. 가을이 되어 하늘이 높고 서늘한 바람이 부는 때가 되면 말들은 토실토실 살이 오르고 힘이 넘친다. 그러면 흉노족들은 그 말을 타고 따뜻한 남쪽 중원으로 원정을 나섰다. 따라서 중국인에게 가을은 흉노족이 쳐들어오는 무시무시한 공포의 계절이었다. 흉노족은 말타기, 활쏘기, 창던지기에 능했고, 이런 기술로 식량과 여자를 약탈해 갔다.

두보의 할아버지 두심언杜審言도 흉노족을 막고자 변방으로 떠나는 친구 소미도蘇味道에게 시를 지어 준 적이 있었다.

구름은 맑고 요사스러운 별도 사라져 (雲淨妖星落 운정요성락)

가을은 높고 변방의 말은 살찐다. (秋高塞馬肥 추고새마비)

안장을 기대면 영웅의 칼이 움직이고 (據鞍雄劍動 거안웅검동)

붓을 휘두르면 깃 꽂은 글이 하늘을 난다. (搖筆羽書飛 요필우서비)

이 시는 소미도의 개선을 기다리는 뜻을 담고 있는데, 바로 이 시구에서 '천고마비天高馬肥' 성어가 유래되었다.

오늘날 '천고마비'는 풍요롭고 한가로운 가을을 의미한다. 그러나 그 이면엔 중국 북방지역 사람들의 절박한 삶의 애환이 담겨 있다.

千慮一失

일천 **천** 생각할 **려** 한 **일** 잃을 **실**

천 가지 생각 중에 한 가지 실책이라는 말로, 많은 생각을 하다 보면 실
수를 범할 수도 있다는 뜻이다.

《사기史記·회음후열전淮陰侯列傳》

　　한고조漢高祖의 명령으로 한신韓信이 조趙나라를 공격하게 되었
다. 그런데 조나라에는 이좌거李左車라는 병법이 뛰어난 전략가
가 있었다. 한신은 이좌거를 사로잡는 사람에게는 천금을 주겠
다고 현상금을 걸고 마침내 이좌거를 생포해서 스승으로 모셨
다. 그리고 그에게 자문을 구하자 이좌거가 말했다.

　　"지혜로운 사람도 천 번을 생각하다 보면 반드시 한 번은 잃는
일이 있고, 어리석은 사람도 천 번을 생각하다 보면 반드시 한
번은 얻는 것이 있다고 합니다(智者千慮 必有一失 愚者千慮 必有一得)."

　　한신은 훗날 이좌거의 도움을 크게 받았다.

청담 清談

맑을**청** 이야기**담**

맑은 이야기. 즉, 세속적인 이익이나 명예 따위에 얽매이지 않는 허심 탄회하고 무욕한 대화를 말한다. 맑고 깨끗하고 고상한 공리공론空理空 論과 청정무위清淨無爲한 이야기.

《십팔사략十八史略》

위진남북조魏晋南北朝 시대에 정치 권력에는 등을 돌리고 거문 고와 술을 즐기던 죽림칠현竹林七賢이 있었다.

그 무렵 중국의 역사는 빈번하게 왕조가 바뀌었다. 그때마다 숙청과 살육이 자행되었다. 이런 현실에 혐오와 염증을 느낀 사 람들이 세속을 잊고 노장老莊 사상에 심취하여 맑은 이야기를 나 누며 세월을 보냈던 것이다.

특히 그중 산도山濤, 완적阮籍, 혜강嵆康, 완함阮咸, 유령劉伶, 향 수向秀, 왕융王戎 등 일곱 사람을 죽림칠현이라 불렀다.

그들은 낙양洛陽의 대나무 숲에 은거하며 세속의 명리名利나 명문名聞, 희비喜悲를 초월하여 고매한 정신세계를 주제로 청담清 談을 나누었다.

또, 맹자孟子가 살았던 당시에도 청담자들이 70명이 넘었다고 한다.

청운지지 青雲之志

푸를**청** 구름**운** 어조사**지** 뜻**지**

푸른 구름의 뜻이라는 말로, 일을 막 시작하는 사람들의 원대한 뜻을 비유하는 말이다.

《사기史記 · 백이열전伯夷列傳》

당唐나라 현종玄宗 때의 훌륭한 재상 장구령長九齡은 간신 이임보李林甫의 모략으로 벼슬에서 파직되어 여생을 초야에서 보내면서 다음과 같은 시를 썼다.

그 옛날 청운의 뜻이 (宿昔青雲志 숙석청운지)

이루지 못한 백발의 나이에 (蹉跎白髮年 차타백발년)

누가 알리오 밝은 거울 속 (誰知明鏡裏 수지명경리)

나와 내 그림자가 서로 불쌍히 여기게 되리라고.

(形影自相憐 형영자상린)

이 시는 그가 재상의 자리에서 물러 나오면서 느낀 감회를 읊은 것이다.

내용은 아무리 훌륭한 사람도 공자와 같은 성인이 높게 평가해 주지 않으면 그 이름이 후대에 전해질 수 없다고 개탄한 것이다.

그러니까 자신이 청운의 뜻을 품고 재상이 되어 나라를 위해 힘을 다했으나 뜻대로 되지 않아 물러나게 되어 거울 속의 자신을 바라보며 서글퍼 하는 마음을 옮긴 것이다.

왕발王勃도 〈등왕각서滕王閣序〉에서 '청운지지靑雲之志'를 출세를 의미하는 뜻으로 쓰고 있다.

청운지지나 청운의 꿈은 성공을 하려는 젊은이들의 포부를 가리키는 말로 쓰인다.

青 出 於 藍

푸를 **청** 날 **출** 어조사 **어** 쪽 **람**

쪽에서 나온 물감이 쪽보다 더 푸르다는 말로, 열심히 학문에 노력하면 나중에 스승보다 더 우수할 수 있다는 뜻이다. 즉 제자가 스승보다 더 뛰어남을 비유한 말이다.

《순자荀子 · 권학편勸學篇》

전국 시대 유학자儒學者 순황荀況이 쓴 《순자荀子》에 이런 말이 있다.

학문이란 잠시도 쉬어서는 안 된다. (學不可以已 학불가이이)

푸른색은 쪽에서 취했지만 (靑取之於藍 청취지어람)

쪽보다 더 푸르고 (而靑於藍 이청어람)

얼음은 물이 얼어서 되었지만 (氷水爲之 빙수위지)

물보다 더 차갑다. (而寒於水 이한어수)

남북조 시대 때 사학자史學者 이밀李謐은 그의 저서 《북사北史》에서 다음과 같이 말했다.

'이밀은 공번孔璠에게서 배웠으나 그의 학문이 눈부시게 진보하여 나중에는 공번이 스스로 이밀의 제자가 되었다. 이를 일러 쪽에서 나온 푸른 물감이 쪽보다 더 푸르다(靑出於藍)라 한다.'

여기서 청靑은 배우는 학생을 말하고 남藍은 스승을 말한다.

백거이白居易의 〈부부賦賦〉에 다음과 같은 말이 있다.

'부賦는 옛 시로서 순경荀卿과 송옥宋玉에게서 나왔는데, 이후 점차 가도賈島와 사마상여司馬相如에 의해서도 쓰였다. 얼음은 물에서 생기지만 물보다 더 찬 것처럼, 부는 원래 전典이나 분墳에서 변했는데 더욱 훌륭하다. 쪽에서 푸른빛이 나왔지만 더 푸른 것처럼, 부는 풍風과 아雅에서 나왔지만 더욱 화려하다(賦者 古詩之流也 如草創於荀宋 漸恢張於賈馬 氷生乎水 初變本於典墳 靑出於藍 復增華於風雅).'

학문은 처음엔 스승에게서 배우지만 더욱 열심히 익히고 닦으면 나중에는 스승보다 더 훌륭해진다.

촌철살인 寸鐵殺人

마디 **촌** 쇠 **철** 살인할 **살** 사람 **인**

작은 쇳조각으로 사람을 죽이다. 즉 단 한마디의 말이나 글로써 상대방의 급소를 찔러 경각심을 주거나 감동을 줄 때 하는 말이다.

나대경羅大經의 《학림옥로鶴林玉露》

《학림옥로鶴林玉露》란 책은 송나라 나대경羅大經이 지은 책으로, 찾아오는 손님들과의 재미있는 이야기를 엮은 것이다. 전체 18권으로 천天·지地·인人 셋으로 나누어져 있는데 제7권 살인수단殺人手段 편에 다음과 같은 글이 있다.

'한 사람이 수레에 무기를 싣고 와서 이것저것 꺼내며 말했다. 이것은 필요 이상으로 크다. 나는 작은 쇳조각만으로도 사람을 죽일 수 있다.'

북송北宋의 대혜선사는 이렇게 말했다.

"촌철살인이란 마음을 괴롭히는 잡념을 완전히 쫓아 버리는 것을 말한다. 그런데 그것은 한번 깊게 생각하다가 번쩍 깨치는 순간 일시에 사라진다."

춘수모운 春樹暮雲

봄춘 나무수 저녁모 구름운

봄의 나무, 해 질 녘의 구름이란 말로, 먼 곳에 있는 친구를 그리워하는 마음을 비유한 말이다.

두보杜甫의 시 〈춘일회이백春日懷李白〉

이백李白과 두보杜甫는 당唐나라 때의 위대한 시인이다. 두 사람은 함께 유람하며 시를 짓는 각별한 사이였다. 그래서 당시에도 이두李杜라고 불렸다. 두 사람은 때때로 우정을 시에 담아 표현하기도 했다. 두보가 산동에서 장안으로 돌아온 뒤 이백을 그리워하면서 쓴 〈춘일회이백春日懷李白〉이라는 시도 그중 한 작품이다.

이백의 시는 당할 사람이 없고 (白也詩無敵 백야시무적)

표연한 시상은 누구도 따르지 못하는데 (飄然思不群 표연사불군)

맑고 새로움은 유신에 버금가고 (淸新庾開府 청신유개부)

굳세고 씩씩함은 포로와 비길 수 있다네. (俊逸鮑參軍 준일포참군)

봄날 만발한 위북 장안長安의 꽃나무는 이백을 그리게 하고,

(渭北春天樹 위북춘천수)

강동에 낀 석양 노을은 나를 부르는 듯한데

(江東日暮雲 강동일모운)

언제 또다시 만나 술잔 높이 들고 (何時日樽酒 하시일준주)

시문에 대해 이야기해 볼 것인가. (重與細論文 중여세론문)

　이백과 두보 두 시인은 아름다운 만남을 계속하면서 마음을 주고받는 가까운 사이였다. 이 시에는 시대를 뛰어넘어 친구 간의 우정을 그리는 애절함이 잘 그려져 있다.

치인설몽 痴人說夢

어리석을 **치** 사람 **인** 설명할 **설** 꿈 **몽**

어리석은 사람에게 꿈 이야기를 해주다. 즉 앞뒤가 맞지 않는 허튼소리 또는 어리석기 짝이 없는 이야기라는 뜻이다.

석혜홍釋惠洪의 《냉제야화冷齊夜話》

당唐나라 때 고승 승가僧伽에게 어떤 사람이 물었다.

"당신은 성이 무엇(何姓)이오?"

"내 성은 하요(何姓)."

"어느 나라 사람이오(何國人)?"

"하나라 사람입니다(何國人)."

승가가 죽자 이옹李邕이 그의 비문을 쓰는데 해학적인 그의 이 일화를 제대로 파악하지 못해서 '대사의 성은 하何씨이고 하何나라 사람이었다.'라고 썼다.

이에 석혜홍釋惠洪이 《냉제야화冷齊夜話》에서 이옹의 어리석음을 두고 '이것은 어리석은 사람에게 꿈 이야기를 들려주는 것과 같다 하겠다(此正所謂痴人說夢耳).'라고 했다.

他山之石

남**타** 뫼**산** 어조사**지** 돌**석**

먼 산의 돌이라는 말로, 아무 쓸모 없는 돌이라도 옥을 갈 때에는 요긴
하게 쓸 수 있다는 뜻. 즉 남의 잘못과 실수도 자신을 바로잡아 수양하
는 데는 도움이 된다는 말이다.

《시경詩經 · 소아편小雅篇》

　자기보다 못한 사람의 언행도 학문과 인격을 수행하는 데는
큰 도움이 될 수 있다는 뜻이다.

　공자는 이렇게 말했다. '세 사람이 걸어가면 그중에는 반드시
내 스승이 될 만한 인물이 있다(三人行必有我師).' 공자 같은 성인도
보통 사람으로부터 배웠던 것이다.

시경의 일부를 소개한다.

아름다운 저 동산에 (樂彼之園 낙피지원)

잘 자란 박달나무 (受有樹檀 애유수단)

그 아래 닥나무도 있구나. (其下維穀 기하유곡)

남의 산에 있는 돌이라도 (他山之石 타산지석)

여기 옥을 가는 데 요긴하네. (可以攻玉 가이공옥)

옥은 지극히 아름다운 것이고, 돌은 형편없는 것이다. 그러나 옥을 가는 데는 반드시 돌이 있어야만 마음에 맞는 그릇을 만들 수 있다.

마찬가지로 다른 사람의 하찮은 언행이라도 나의 인격을 닦는 데 교훈으로 삼을 수 있다는 말이다.

泰山北斗

클**태** 뫼**산** 북녘**북** 말**두**

태산과 북두칠성을 가리키는 말로, 어떤 사람이 한 분야에서 최고의 권위를 가지고 있어 존경스러울 때 이르는 말이다.

《당서唐書·한유전韓愈傳》

한유韓愈는 당송唐宋 8대 문장가 중에 첫손 꼽히는 사람이다. 그는 불교佛敎와 도교道敎를 배척하고 유교儒敎를 숭상했다. 《당서唐書》의 〈한유전韓愈傳〉에는 그를 칭찬하는 다음과 같은 말이 있다.

'한유는 죽은 뒤에 그의 학문이 더욱 빛나 학자들은 그를 태산북두泰山北斗처럼 우러러보았다.'

태산泰山이란 중국에서 높기로 유명한 산이고, 북두北斗는 북극성을 말한다. 흔히 생략해서 '태두'라고도 한다.

또 한유韓愈를 한유韓柳라고도 하는데 그의 절친한 친구였던 유종원柳宗元을 함께 부르는 말이다. 두 사람은 함께 고문古文 부흥에 힘썼다.

토포악발 吐哺握髮

토할 **토** 먹을 **포** 잡을 **악** 머릿카락 **발**

> 먹던 것을 뱉어 내고 감던 머리를 움켜쥐고 쫓아 나간다는 말로, 귀한
> 손님을 맞이하기 위해 매우 정성을 다함을 뜻한다.
>
> 《한시외전韓詩外傳》

주周나라 무왕武王이 상商나라를 토벌한 후 세상을 떠나자 태
자 송誦이 제위에 오르니, 바로 성왕成王이다. 성왕은 나이가 어
려서 주공周公이 섭정을 했는데 태평성세를 이루었다.

그때 주공이 아들 백금伯禽을 노魯지방의 제후로 봉해 임지로
보내면서 이렇게 훈계했다.

"손님이 찾아오거든 머리를 감다가도 얼른 뛰쳐나가 손님을
맞아야 하며, 식사를 하다가라도 입에 있는 음식을 뱉어 내고
손님을 맞아야 한다(一沐三握髮 一飯三吐哺)."

손님은 예의와 정성을 다해 맞이하라고 당부한 말로 이를 '토
포악발吐哺握髮'이라고 한다.

推 敲

밀**퇴**/옮을**추** 두드릴**고**

밀고 두드린다는 말로, 문장을 다듬고 고치는 것을 이른다. 즉 시문을
지을 때 내용을 다시 고치는 일.

《당시기사唐詩紀事》

당唐나라 때의 시인 가도賈島는 처음에는 중이 되었으나 나중
에 과거에 합격하여 벼슬을 했다. 그가 나귀를 타고 과거를 보
러 가는데 갑자기 시상詩想이 떠올랐다.

인가가 드문 곳에 한가한 집이 있어서 (閑居少隣笠 한거소린립)

풀에 묻힌 길이 정원과 통하고 있네. (草徑入荒園 초경입황원)

새는 연못가 나무에 자고 (鳥宿池邊樹 조숙지변수)

중은 달 아래 문을 두드리네. (僧敲月下門 승고월하문)

가도는 시를 짓고 난 뒤에 마지막 절인 '중은 달 아래 문을 두드리네'에서 '밀 퇴推' 자와 '두드릴 고敲' 자를 놓고 고민하느라고 마주 오던 당대의 유명한 문장가 한유韓愈의 행차와 부딪히고 말았다. 그래서 행차를 방해한 혐의로 관가로 끌려갔다.

가도는 무례를 범하게 된 까닭을 사실대로 이야기했다. 그러나 한유는 '문을 민다'라는 표현보다 '두드린다'라는 표현이 더 좋겠다며 도리어 가도의 시에 관해서 충고를 해주었다. 그 뒤로 두 사람은 문우文友가 되었다.

이때부터 글을 고치는 것을 '퇴고推敲'라고 했다.

*推가 '가릴 추' 자도 되므로 '추고'라고도 하지만 이는 잘못임.

破竹之勢

깨뜨릴 **파** 대나무 **죽** 어조사 **지** 기세 **세**

대나무를 쪼개는 듯한 강하고 왕성한 기운. 즉 무서운 힘으로 밀고 들어가는 맹렬한 기세나 저항도 받지 않고 무인지경으로 진군하는 것을 비유한다.

《진서晉書·두예전杜預傳》

진晉나라 무제武帝 때 두예杜預는 오吳나라를 공격하기 위해 형주荊州를 점령하고 장수들과 토론을 벌였다. 한 장수가 말했다.

"지금은 계절이 여름철이어서 비가 많이 오고, 전염병도 발생할 우려가 있으니 겨울철에 전투를 시작하는 것이 좋겠습니다."

그러자 두예가 이를 제지하며 강력히 주장했다.

"그건 안 될 말이오. 지금 우리 군사는 기세가 매우 높아 마치 대나무에 칼날만 대면 쪼개지는 것처럼 그대로 쪼개질 것이므로 다시 손댈 것조차도 없는 상황이오(破竹之勢)."

그리고 진격을 명령하니 과연 두예의 말 그대로 진나라 군대는 가는 곳마다 오나라 군대를 격파했다. 오나라 군대는 싸워볼 생각도 못 하고 항복했다.

풍성학려 風 聲 鶴 唳

바람풍 소리성 학학 울려

바람 소리와 학의 울음소리란 말로, 작은 소리에도 놀라 겁을 먹는 것을 말한다.

《진서晋書 · 사현재기謝玄載記》

전진前秦의 왕 부견符堅이 스스로 80만 대군을 이끌고 동진東晋으로 쳐들어가자 동진의 효무제孝武帝는 사현謝玄에게 8만의 군사를 주어 대항하게 했다. 그런데 부견의 군대는 사현의 참모 유로지劉牢之 장군의 5천 군사에게 선봉을 격파당했다.

그렇게 해서 후퇴하던 부견의 군대는 동진군이 비수淝水의 강 한복판으로 공격해 오자 강안에 미리 진을 쳐서 강을 건너는 동진군을 치려고 했다. 그러나 먼저 강을 건넌 동진군이 반격해 들어왔다.

부견의 군대는 서로 밟혀 죽는 등 대혼란에 빠져 허둥거리다가 겨우 목숨을 건졌으나 완전히 겁에 질린 나머지 '바람 소리와 학의 울음소리(風聲鶴唳)'만 들어도 동진의 추격군이 따라오는 줄 알고 줄행랑을 쳤다.

한단지몽 邯鄲之夢

조나라서울 **한** 조나라서울 **단** 어조사 **지** 꿈 **몽**

한단에서 꾼 꿈이란 말로, 인생의 부귀영화의 덧없음을 가리킨다.

심기제沈既濟의 《침중기枕中記》

조趙나라의 도읍 한단邯鄲의 어느 주막에서 노생盧生이란 사람이 신세 한탄을 했다. 옆에서 듣고 있던 도사 여옹呂翁이 베개를 주자 그는 이내 잠이 들었다.

그는 꿈에서 명문가의 딸과 결혼하고 과거에 급제한 후, 마침내 재상에까지 올랐다. 그래서 황제를 성심껏 보필했는데 어쩌다 그만 역적으로 몰리게 되었다. 그는 생각했다.

'내 고향에서라면 비록 누더기를 걸치고 있었지만 한단 거리를 걷던 때가 그립구나.'

그러나 곧 누명은 풀렸고, 그는 80년 동안 행복한 생을 살았다.

노생이 꿈에서 깨어나자 도사 여옹이 말했다.

"인생이란 다 그런 것이라네."

부귀영화도 꿈처럼 허망하게 느껴질 때 '한단지몽'이란 말을 쓴다.

형설지공 螢雪之功

반딧불이 **형** 눈 **설** 어조사 **지** 공 **공**

반딧불이와 눈의 공이라는 말로, 반딧불이와 눈빛으로 글 읽는 것을 뜻한다. 가난과 역경을 딛고 입신양명立身揚名했을 때 쓴다.

《손씨세록孫氏世錄》

　　손강孫康은 진晉나라 사람이었다. 그는 공부하기를 몹시 좋아했지만 집이 가난해서 등불을 밝힐 기름 살 돈이 없었다. 그래서 겨울이 되면 창밖에 쌓여 있는 눈빛으로 책을 읽었다.

그렇게 열심히 공부한 결과 어사대부御史大夫라는 높은 지위에까지 올랐다.

진晉나라 차윤車胤은 손강孫康과 같은 시기의 사람이다. 그 역시 집이 워낙 가난하여 등불을 밝힐 기름을 구할 수 없었다. 그래서 그는 매년 여름밤이 되면 얇은 비단 주머니를 만들어 반딧불이를 잡아넣었다가 밤이면 그 불빛으로 공부를 했다. 이렇게 열심히 공부한 결과 훗날 이부상서吏部尙書라는 벼슬에까지 올랐다.

눈빛과 반딧불로 글자를 볼 수 있었던 것은 당시는 수기手記가 대부분이었을 것이니 글자가 컸기 때문에 가능했으리라.

어려운 가운데에서도 굴하지 않고 열심히 공부해서 이룩한 손강과 차윤의 성공에서 '형설지공螢雪之功'이란 말이 유래되었다.

호가호위 狐假虎威
여우 **호** 거짓 **가** 호랑이 **호** 위엄 **위**

여우가 호랑이의 힘을 빌려 위엄을 부리다. 즉 아무 힘도 없으면서 남의 권세를 배경으로 위세를 부리는 것을 비유한 말이다.

《전국책戰國策》

전국 시대 때 초楚의 선왕宣王의 휘하에 소해휼昭奚恤이라는 장군이 있었다. 그는 무능한 사람이었지만 북방 사람들은 그를 무척이나 두려워했다. 선왕은 그 까닭이 궁금해서 대신들에게 그 연유를 물었다.

그러자 강을江乙이라는 대신이 나서서 말했다.

"지금 대왕께서는 넓은 땅과 백만 대군을 거느리고 계십니다. 그래서 사실은 북방의 여러 나라가 소해휼을 두려워하는 것이 아니라 대왕의 그 위력을 두려워하는 것입니다.

들어 보시옵소서. 호랑이가 여우를 잡으니 여우가 이렇게 이야기했습니다.

'그대는 감히 나를 잡아먹지 못할 것이다. 왜냐하면 하늘의 신이 나를 백수의 왕으로 삼았기 때문이다. 만약 그대가 나의 말을 못 믿겠다면 그대는 지금부터 내 뒤를 따라오면서 다른 짐승들이 나를 보고 어떻게 하는지를 보라.'

그래서 호랑이가 여우의 뒤를 쫓아갔는데 과연 다른 짐승들이 그들을 보자마자 모두 달아났습니다.

그러나 호랑이는 짐승들이 자신을 보고 달아나는 것인 줄 알지 못했습니다. 마찬가지로 북방의 국가들은 소해휼을 두려워하는 것이 아니라 대왕의 막강한 군대를 두려워하는 것입니다."

선왕은 강을의 이야기를 듣고서야 진짜 호랑이는 자신이고, 소해휼은 여우라는 것을 깨달았다.

하늘과 땅 사이에 가득 찬 거대한 원기, 또는 부끄러울 것이 없는 깨끗한 양심에서 나오는 용기를 말한다.

《맹자孟子 · 공손추장구公孫丑章句》

맹자孟子가 제자 공손추公孫丑와 담소를 나누다가 참된 용기에 대해 논하게 되었다. 맹자가 말했다.

"참된 용기란 마음이 흔들리지 않는 부동심不動心을 말한다."

그러자 공손추가 물었다.

"선생님, 그러면 고자告子가 말한 부동심과 선생님이 말씀하신 부동심은 어떻게 다릅니까?"

"고자는 '납득할 수 없는 말은 억지로 이해하려 하지 말고, 마음에 내키지 않는 점이 있다 해도 기개氣槪에 맡겨서 해결하려고 해선 안 된다.'고 하였다. 바로 그 점이 고자의 소극적인 태도가 아니겠느냐?"

"그럼 선생님의 호연지기와는 어떤 차이가 있습니까?"

맹자가 대답했다.

"도道란 진眞이고, 실實이다. 그리고 천지 간에 가득한 크고 넓은 정기를 호연지기라고 말할 수 있다. 고자는 마음을 허비하지 않음으로써 부동심을 얻어야 함을 강조했다. 그러나 나는 말을 안다(知言). 더구나 호연지기를 기르고 있다."

여기서 '지언知言'이란 그릇되고 간사한 언어를 꿰뚫어 보는 지혜를 의미한다.

진정한 용기는 도덕적인 양심을 뜻하며, 그것은 호연지기를 연마함으로써 가능하다. 넓고 커서 온 세상에 가득 찬 넘치는 원기元氣를 말할 때도 '호연지기浩然之氣'란 말을 쓴다.

용을 그린 후 눈동자를 그려 넣다. 즉 일을 마지막으로 손질을 해서 완성시키는 것을 가리킨다.

장언원張彦遠의 《역대명화기歷代名畵記》

남북조시대 양梁나라에 장승요張僧繇라는 유명한 화가가 있었다.

그는 붓 하나로 모든 사물을 실물과 똑같이 그렸다.

금릉金陵에 있는 안락사安樂寺라는 절의 주지로부터 벽화로 용을 그려 달라는 부탁을 받고 장승요는 두 마리의 용을 그렸다. 그런데 그림이 실제 용과 너무도 똑같아서 모두들 감탄했다.

그러나 이상하게도 용의 눈에 눈동자가 그려져 있지 않았다. 사람들이 그 사유를 묻자 장승요는 껄껄 웃으며 이렇게 대답했다.

"눈동자를 그려 넣으면 용은 하늘로 올라가 버릴 것입니다."

사람들은 장승요의 말을 믿으려 하지 않았다. 이에 장승요는 붓을 들어 용 한 마리에 눈동자를 그려 넣었다. 그러자 갑자기 굉장한 뇌성이 울리더니 벽이 갈라지면서 용이 벽에서 튀어나와 하늘로 올라가 버렸다. 그리고 벽에는 눈동자를 그려 넣지 않은 한 마리만이 남아 있었다.

호접지몽 胡蝶之夢

오랑캐 **호** 나비 **접** 어조사 **지** 꿈 **몽**

호랑나비가 된 꿈이라는 말로, 장자莊子가 꿈속에서 나비가 되어 날아 다녔다는 이야기에서 유래했다. 사물과 사람의 구분을 잃을 정도의 물 아의 구별이 없는 것이나 만물 일체를 말한다.

《장자莊子 · 제물론편齊物論篇》

장자莊子는 전국 시대의 사상가로 인간이 자연 그대로 살아가 는 무위자연無爲自然을 제창했다.

그가 어느 날, 꿈속에서 나비가 되어 훨훨 날아다니니 기분이 매우 좋았다.

그러다 꿈에서 깨어 보니 자신이 사람의 몸을 하고 있었다.

장자는 갑자기 혼란스러워졌다. 내가 나비인지 나비가 나인지, 꿈이 현실인지 현실이 꿈인지 헷갈렸다.

장자는 사물과 사람 간에는 그처럼 구분이 없을 수 있다는 것을 깨달았다.

일상생활에 자주 쓰이는
고사성어

일상생활에 자주 쓰이는 고사성어

傾國之色

기울어질 **경** 나라 **국** 어조사 **지** 빛 **색**

> 나라가 기울어지게 할 정도의 절세미인을 말한다. 아름다운 여자로 인하여 나라의 기강이 혼란스러워진다는 뜻이다.
>
> 《한서漢書 · 이부인전李夫人傳》

한무제漢武帝의 신하로 이연년李延年이란 사람이 있었다.

그는 노래를 부르는 것도 뛰어났지만 곡조를 만들고 가사를 붙이는 데도 뛰어났다.

그가 어느 날, 궁중의 잔치에서 노래를 부르게 되었다.

북방의 한 아름다운 여인 (北方有佳人 북방유가인)

세상에 다시없는 자태로 섰네. (絶世而獨立 절세이독립)

한 번 고갯짓하면 성이 기울고 (一顧傾人城 일고경인성)

두 번 고갯짓하면 나라가 기우네. (再顧傾人國 재고경인국)

어찌 경성 경국을 모르랴만 (寧不知傾城與傾國 영부지경성여경국)

가인은 두 번 다시 얻기 어려워라. (佳人難再得 가인난재득)

노래를 마친 이연년은 자기에게 누이동생이 있는데 '경국지색傾國之色'이라고 했다. 무제는 이연년의 누이동생을 보고 완전히 빠져 버렸다.

그녀는 그야말로 절세의 미인인 데다가 춤도 잘 추었다. 무제 만년에 황제의 사랑을 독차지했던 그녀는 미인박명美人薄命이라는 말처럼 아쉽게도 젊은 나이에 세상을 떠났다.

이로부터 절세미인을 가리켜 '경국지색'이라 했다.

鷄肋

닭**계** 갈빗대**륵**

닭의 갈비뼈. 즉 먹자니 별로 먹을 것이 없고 그냥 버리자니 아깝다는 뜻으로 크게 쓸모는 없으나 버리기에는 아까운 물건을 이르는 말이다.

《후한서後漢書 · 양수전楊修傳》, 《진서晉書 · 유령전劉伶傳》

조조曹操와 유비劉備가 한중漢中 땅을 차지하기 위해 치열하게 맞섰다. 유비는 제갈공명의 계책에 따라 정면 대결을 피하고 장기전에 돌입했다. 그러자 조조는 공격도 할 수 없고 그대로 있을 수도 없는 어려운 형편이 되었다.

장수들은 부하들이 배가 고파 도망치는 자가 속출하자 어떻게 하면 좋을지 몰라 조조에게 물었다. 마침 닭의 갈비뼈를 뜯고 있던 조조는 우물거리며 "계륵, 계륵" 하고 말했다. 부하들 중에 오직 양수楊修만이 그 뜻을 이해하고 설명했다.

"닭의 갈비뼈는 먹자니 먹을 게 별로 없고, 버리자니 아까운 것이다. 그러니까 이 땅을 별로 중요하게 생각하지 않을 듯하니 분명 군대를 철수시킬 것 같다."

예상대로 조조는 군대를 철수시켰다.

서진西晉의 죽림칠현 중 유령劉伶이라는 사람이 있었다.

그는 술을 좋아했는데 어느 날 술에 취하여 행인과 말다툼을 벌였다. 화가 난 상대방이 주먹으로 때리려고 달려들자 그가 점잖게 말했다.

"보다시피 나는 닭갈비처럼 약한 몸이라서 그대의 주먹을 받아들이지 못할 것 같소."

그러자 상대방은 싱겁게 웃으며 싸우기를 포기했다.

古 稀

옛 **고** 드물 **희**

사람의 나이 일흔을 이르는 말. 예로부터 70세까지 사는 사람이 드물다는 뜻이다.

두보杜甫의 시 〈곡강曲江〉

두보杜甫는 유년 시절부터 전국을 떠돌며 살다가 47세 때인 건원乾元 원년에 1년 정도 관직 생활을 했다.

그는 궁중에 출입하기 쉽게 수도 장안의 동남쪽 끝에 있는 연못 곡강에 거처를 정하였다. 그러나 시국이 어지러워 두보의 마음이 편안하지는 못했다. 그는 그 곡강에서 〈곡강이수曲江二首〉라는 시를 남겼다.

조정에서 돌아오면 날마다 봄옷을 입고

(朝回日日典春依 조회일일전춘의)

하릴없이 강가에서 취해서 돌아오네.

(每日江頭盡醉歸 매일강두진취귀)

술값 빚은 언제 어디에나 있고

(酒債尋常行處有 주채심상행처유)

인생 칠십은 예로부터 드물었네.

(人生七十古來稀 인생칠십고래희)

곡강은 풍광이 아름다웠으며 봄이면 화려한 꽃들이 피어 사람들로 붐볐다.

훗날, 두보는 곡강 시절을 청산하고 다시 정처 없이 떠돌다가 59세에 상강湘江의 배 안에서 요절했다.

나이에 따라 별도로 지칭하는 이름이 있는데 스무 살을 약관弱冠, 마흔을 불혹不惑, 쉰 살을 지명知命, 예순을 이순耳順, 일흔 일곱을 희수喜壽, 여든여덟을 미수米壽, 아흔아홉을 백수白壽라고 한다.

이 시에서 '고희古稀'라는 말이 유래했다.

공중누각 空中樓閣

빌**공** 가운데**중** 다락**루** 누각**각**

공중에 떠 있는 누각이라는 말로, 현실성이 없는 일이나 글을 가리킨다. 진실이 없는 헛된 망상이나 가공의 것으로 신기루 같은 것을 말한다.

《몽계필담夢溪筆談》

송宋나라 때의 학자 심괄沈括이 기이한 일들을 모아 기록한 일종의 박물지博物誌 《몽계필담夢溪筆談》에 다음과 같은 이야기가 나온다.

'등주登州는 사방이 바다로 둘러싸여 있는데, 봄철과 여름철이면 수평선 위로 도시의 누각들이 어렴풋이 보인다. 그 고장 사람들은 그것을 해시海市라 했다.'

바다 위에 세워진 도시라는 뜻이다.

청나라 적호翟灝는 《통속편通俗篇》에서 심괄의 말을 이어받아 다음과 같이 적었다.

'지금 말과 행동이 허황된 사람을 가리켜 '공중누각空中樓閣'을 짓는다고 하는데, 바로 이 일에서 유래한 것이다(今稱言行虛構者 曰

空中樓閣用此事).

사막을 지나다 보면 먼 지평선 위에 빛의 굴절로 인해 엉뚱한 물상이 나타나는데 그런 현상을 '신기루蜃氣樓'라고 한다. '해시', '공중누각', '신기루'는 같은 뜻의 말로 허황된 일을 가리킨다.

교언영색 巧言令色

공교로울 **교** 말씀 **언** 하여금 **령** 빛 **색**

> 말투를 교묘히 하고 얼굴 표정을 억지로 꾸민다. 즉 비위에 거슬리지 않는 말과 교묘한 표정으로 아첨하는 것을 말한다.
>
> 《논어論語 · 학이편學而篇》

　　공자孔子는 정치에 있어서는 선왕先王의 덕치를 본받아야 하고, 사회생활에서는 인仁의 사상으로 인간 본래의 모습을 되찾아야 한다고 가르쳤다.

　　공자의 근본 사상은 자애慈愛로서, 그는 완성된 인격자를 군자君子라고 하며 다음과 같이 덧붙였다.

　　'교묘한 말과 아첨하는 얼굴빛에는 인仁이 적다(巧言令色鮮矣仁).'

　　그러니까 군자는 말을 그럴듯하게 꾸며 대거나, 남의 비위를 맞추거나, 생글생글 웃으며 남의 눈을 의식하거나, 겉치레를 꾸미지 않는다는 것이다.

《논어論語》의 〈자로편子路篇〉에서 '강직 의연하고 질박 어눌한 사람은 인仁에 가깝다(剛毅木訥近仁).'고 했다. 강剛은 강직하고, 의毅는 과감하고, 목木은 순박하며, 눌訥은 어둔함을 말한다.

이런 사람은 본심 그대로를 지니고 있어서 꾸미거나 다듬지 않고 속과 겉이 같아 인에 가까운 사람이다.

'교언영색'은 겉과 속이 다른 행동을 따끔하게 충고한 말이다. 이중적 행동을 일삼는 사람을 가리킨다.

口尚乳臭

입**구** 아직**상** 젖**유** 냄새**취**

입에서 아직도 젖내가 난다는 말로, 말과 행동이 어린아이처럼 유치한 것을 뜻한다. 즉 경험이 없어 언행이 어설픈 것을 말한다.

《사기史記 · 고조기高祖紀》

한漢나라의 황제 유방劉邦이 반란을 일으킨 위魏나라의 전황에 대해서 신하들에게 물었다.

"위魏나라의 대장은 누구인고?"

"백직柏直입니다."

"그래? 그자라면 아직 입에서 젖비린내도 안 떨어진 애송이 아니냐. 그런 자가 어찌 우리 한신韓信 장군을 당해 낼 수 있겠는가. 위나라를 공격해서 차지하는 건 시간문제로군."

이 말은 상대방을 얕보고 하는 말이지만 애교스러운 말이기도 하다.

유방은 곧바로 한신을 시켜 위왕魏王 표豹를 공격하게 하였다.

群鶏一鶴

무리**군** 닭**계** 한**일** 두루미**학**

여러 마리의 닭 가운데 한 마리의 학이 있다는 말로, 보통 사람들 속에
출중하게 뛰어난 인물이 한 사람 섞여 있는 것을 비유하는 말이다.

《진서晋書 · 혜소전嵇紹傳》

혜소嵇紹 죽림칠현竹林七賢 중 위魏나라 혜강嵇康의 아들이다. 그
는 아버지 혜강이 무고하게 옥사한 후 어머니를 모시고 가난하
게 살았다.

그런데 그가 영리하고 현명하다는 소문을 듣고 진晋나라 왕이
그에게 비서승秘書丞이라는 관직을 하사했다. 혜소가 처음으로
낙양洛陽에 들어갔을 때 어떤 사람이 역시 죽림칠현의 한 사람인
왕융王戎에게 다음과 같이 말했다.

"그저께 혼잡한 군중 속에서 혜소를 처음 보았습니다. 그의
드높은 혈기와 기개는 마치 학이 닭의 무리 속으로 내려앉은 것
처럼 눈에 띄었습니다(如野鶴之在鷄群)."

왕융이 말했다.

"그것은 자네가 그의 부친 혜강을 본 적이 없기 때문일 것이네. 혜강은 혜소보다 훨씬 더 늠름했다네."

죽림칠현이었던 혜강의 학식은 견줄 만한 사람이 없었다. 그런데 부전자전으로 혜소도 그의 아버지에 못지않았던 것이다.

혜소는 조정에 들어오자 충성을 다했다.

그는 마옹馬雍과 사마영司馬穎이 반란을 일으켜 도성을 침범해 들어 오자 혜제惠齊를 따라 적과 맞서 싸웠다. 그러다가 적병이 쏜 화살을 맞으면서도 끝까지 버텼다.

그러한 그를 가상히 생각한 혜제는 혜소의 피가 자기 도포자락을 붉게 물들이자 시중들이 닦으려는 것을 말리고 그대로 간직하며 그의 충성을 잊지 못했다.

금상첨화 錦上添花

비단**금** 윗**상** 더할**첨** 꽃**화**

비단 위에 꽃을 수놓는다는 말로, 좋은 일에 좋은 일을 한 번 더 더한
다는 뜻이다. 비단만 해도 좋은데 그 위에 꽃까지 얹어 놓으니 더욱
좋을 수밖에.

왕안석王安石의 시 〈즉사卽事〉

송宋나라 시인이며 정치가였던 왕안석王安石의 시 중에 이런
구절이 있다.

좋은 모임에서 술잔을 거듭 비우려 하는데
(嘉招欲覆盃中綠 가초욕복배중록)
고운 노래는 비단 위에 꽃을 더한 것 같다
(麗唱仍添錦上花 여창잉첨금상화).

이 시는 그가 정계를 떠나 남경南京의 한적한 곳에 은거해 있
을 때 지은 것이다.

왕안석은 송나라가 군비 조달을 하다가 경제가 파탄을 맞자

이를 재건하기 위해 새로운 법을 시행한 경제 대가였다. 산문도 뛰어나 한유韓愈, 유종원柳宗元, 구양수歐陽修 등과 함께 당송팔대가唐宋八大家의 한 사람으로 유명하다.

금상첨화錦上添花라는 말은 원래 속담이었는데 나중에 여러 시인들이 반복 사용하게 되어 관용구로 굳어진 것이다.

역시 송나라 때의 시인이었던 황정견黃庭堅의 시에서도 '아침마다 비단 위에 꽃을 수놓은 이불을 쓴다(旦用錦上添花).'라는 구절을 사용하고 있다.

錦 衣 夜 行
비단**금** 옷**의** 밤**야** 행할**행**

비단옷을 입고 밤길을 간다는 말로, 아무 보람 없는 행동을 가리키는
말이다. 입신양명立身揚名하고서도 고향으로 돌아가지 않는 것을 비유
하기도 한다.

《사기史記 · 항우본기項羽本紀》

항우項羽는 유방劉邦보다 먼저 진秦나라의 수도 함양咸陽에 입
성해서 아방궁阿房宮에 불을 지르고, 3대 황제 자영子嬰을 죽였으
며, 시황제 무덤도 파헤쳤다. 또 창고에 있는 금은보화도 차지
했다.

그러자 그는 빨리 고향으로 돌아가 자기의 성공을 모든 사람
에게 자랑하고 싶어졌다.

그때 한생韓生이 충고했다.

"이곳 함양 일대는 사방이 산과 강으로 둘러싸인 요충지이고
땅이 기름집니다. 그러니 이곳에 도읍을 정하고 천하를 제패하
십시오."

그러나 마음이 이미 고향에 가 있는 항우가 말했다.

"부귀를 이루고 고향으로 못 돌아가는 것은 비단옷을 입고 밤 길을 걷는 것과 같다. 그러니 누가 알아주겠느냐(富貴不歸故鄕 如錦 衣夜行 誰知文者乎)?"

한생은 그런 항우를 보고 한심한 생각이 들어 혼자 중얼거 렸다.

"초나라 사람은 원숭이가 갓을 쓰고 옷을 입은 것처럼 지혜가 없구나(沐而冠)."

항우는 그 말을 듣고 화가 치밀어 한생을 삶아 죽였다. 그러 나 항우는 결국 천하를 유방에게 내주고 말았다.

기우 杞憂

나라 **기** 근심 **우**

기杞나라 사람의 근심이라는 말로, 쓸데없는 근심이나 걱정을 뜻한다.
기인지우杞人之憂의 준말이다.

《열자列子·천서편天瑞篇》

기杞나라의 어떤 사람이 하늘이 무너지고 땅이 꺼지면 어떡하나 하는 걱정에 싸여 잠을 이루지 못하자 그의 친구가 말했다.

"하늘은 온통 기운이 가득 쌓여서 된 것이기 때문에 무너질 리가 없고, 땅도 흙덩이가 쌓여서 만들어진 것이라서 꺼질 리가 없는데 왜 그런 쓸데없는 걱정을 하나?"

"그러면 하늘이 비어 있으니 달이나 별이 떨어지지 않겠는가?"

"달이나 별은 서로 힘의 균형이 잡혀 있어 떨어지지 않는다네."

친구의 설명을 듣고 난 그는 그제야 비로소 안심하고 잠을 잘 잤다.

노익장 老益壯

늙을 **노** 더할 **익** 씩씩할 **장**

늙을수록 씩씩해지다. 즉 나이가 들어도 원기가 왕성해서 건장함을 뜻한다. 나이는 많아도 젊은 사람처럼 왕성한 활동을 하는 사람을 비유하는 말이다.

《후한서後漢書 · 마원전馬援傳》

후한後漢 때 마원馬援이라는 장사가 있었다. 그는 죄수들을 압송하는 하급 관리였다. 그런데 어느 날 죄인들을 압송하는 도중 동정심이 생겨 모두 풀어 주어 도망치게 하고 자신도 달아나 버렸다.

그리고 수년간 숨어 살며 가축을 길러 돈을 많이 모았으나 아주 검소한 생활을 했다. 그러다가 대기만성하여 광무제光武帝 때 대장군으로 임명되어 반란을 평정하고 많은 전공戰功을 세웠다. 그의 평상시 좌우명은 다음과 같았다.

'무릇 대장부가 뜻을 품었으면 어려울수록 굳세어야 하며 늙을수록 건강해야 한다(大丈夫爲者 窮當益堅 老當益壯).'

累卵之危

여러 **루** 알 **란** 어조사 **지** 위태할 **위**

계란을 쌓아 올린 것처럼 위태로운 상태를 말한다. 매우 위급한 상황을 비유적으로 나타낸 말이다.

《사기史記 · 범수열전范睢列傳》

전국 시대 위魏나라의 종횡가縱橫家 범수范睢는 누명을 쓰고 사형 직전에 처했을 때 진秦나라 사신 왕계王稽의 도움으로 이름을 장록張祿이라 바꾼 후 진나라로 망명했다. 왕계는 장록을 진나라의 소양왕昭襄王에게 이렇게 소개했다.

"장록은 천하에 뛰어난 점술가입니다. 그의 말에 의하면 진나라는 지금 알을 쌓아 둔 것보다 더 위태롭다고 합니다. 그가 폐하께 드릴 말씀이 있는데 글로는 전할 수 없고 말로 하겠다고 해서 직접 데리고 왔습니다."

장록은 소양왕에게 시급히 가까운 나라는 공격하고 먼 나라와 협력하는 '원교근공遠交近攻'의 정책을 펴라고 주장했다. 소양왕이 그 말을 받아들여 그대로 시행하니 과연 큰 성과가 있었다.

多岐亡羊

많을 **다** 가닥나뉠 **기** 잃을 **망** 양 **양**

갈림길이 많아 달아난 양을 찾을 수가 없다. 즉 학문의 길이 여러 갈래로 갈려 나아갈 바를 쉽게 찾지 못하는 것을 뜻한다.

《열자列子 · 설부편說符篇》, 《장자莊子 · 변무편弁無篇》

전국 시대의 사상가 양자楊子의 옆집 사람이 양 한 마리를 잃어버렸다. 온 식구는 물론 이웃집 사람들까지 찾으러 나섰지만 갈림길이 많아서 찾을 수 없었다.

양자는 심도자心都子에게 이웃 사람이 양을 잃어버린 것에 대해 들려주었다. 그러자 심도자가 물었다.

"한 아버지가 아들 삼 형제에게 인의仁義에 대해 물었습니다. 큰아들은 '몸을 소중히 여기고 이름을 뒤로 미루는 것입니다.'라고 대답했고, 둘째 아들은 '내 몸을 죽여 이름을 남기는 것입니다.'라고 대답했으며, 셋째 아들은 '몸과 명성을 온전히 얻는 것입니다.'라고 대답했습니다. 과연 누가 옳고, 누가 그른 대답을 했습니까?"

양자가 대답했다.

"황하 기슭에 살던 어떤 사람이 헤엄을 아주 잘 쳤습니다. 그래서 그에게 헤엄을 배우러 오는 사람이 많았는데 한 사람이 헤엄을 배우다가 물에 빠져 죽었습니다. 그는 헤엄을 배우러 왔지 빠져 죽는 것을 배우러 온 것이 아닙니다. 그러나 돈을 버는 쪽과 목숨을 잃는 쪽과는 차이가 많습니다. 어느 쪽이 옳고, 어느 쪽이 나쁘다고 생각합니까?"

그때 옆에 있던 양자의 제자 맹손양孟孫陽이 말했다.

"당신의 말은 너무 어렵고, 우리 선생님의 말씀은 뜻이 분명치 않아 잘 모르겠습니다."

그러자 심도자가 이렇게 말했다.

"큰 길에는 갈림길이 많기 때문에 양을 놓치게 되고, 학문하는 사람은 방법이 많기 때문에 본성을 잃기 쉬운 거라네(大道以多岐亡羊 學者以多方喪生)."

학문이나 인생의 목적은 원래 하나의 진리로 통한다. 그러나 사람들은 원래 목적을 망각하고 지엽적인 일에 구애받는다. '다기망양多岐亡羊'은 이런 태도를 빗대어 사용하는 말이다.

多多益善

많을 **다** 많을 **다** 더할 **익** 착할 **선**

많으면 많을수록 좋다. 즉 감당할 능력만 있으면 많을수록 좋다는 말이다.

《사기史記 · 회음후열전淮陰侯列傳》

한고조漢高祖 유방劉邦은 천하를 통일했으나 한 가지 걱정이 있었다. 일등공신인 초왕楚王 한신韓信이 언젠가는 자기를 배반할까 봐 두려웠던 것이다.

어느 날, 고조는 한신과 여러 신하들에게 물었다.

"과인은 도대체 어느 정도의 군사를 거느릴 수 있겠는가?"

이에 신하들이 이구동성으로 말했다.

"폐하께선 10만 정도 거느릴 수 있습니다."

이번엔 한신에게 물었다.

"그럼 장군은 어느 정도 거느릴 수 있겠소?"

한신이 대답했다.

"저는 많으면 많을수록 좋습니다(臣多多而益善耳)."

이 말을 듣고 고조는 웃으면서 말했다.

"그렇다면 그대는 어찌하여 내 밑에 머무는가?"

그러자 한신이 대답했다.

"폐하께서는 군사를 거느리는 데는 능하지 않지만 장수를 거느리는 데는 능하십니다. 이것이 제가 폐하 밑에 머무는 까닭입니다. 폐하의 능력은 이른바 하늘이 내리신 것으로 사람의 영역이 아닙니다."

'다다익선多多益善'은 한신이 휘하의 군사가 많을수록 좋다고 한 데서 유래한 말이다.

단 말 마　斷 末 魔
짧을**단**　끝**말**　마귀**마**

숨이 끊어질 때 고통스러워서 지르는 비명을 가리키는 말이다.

《현종론顯宗論》

'말마末魔'는 범어梵語로 Marman을 중국식으로 표기한 것으로 사혈死穴, 즉 몸의 급소를 뜻한다. 그리고 급소를 찌를 때의 고통을 단말마斷末魔라 한다.

《현종론顯宗論》에는 이런 구절이 있다.

'사람의 마음을 해친 사람은 죽음에 임해 단말마의 고통을 반드시 맛보게 된다(傷害人心者 臨終受斷末磨苦 상해인심자 임종수단말마고).'

가장 큰 죄는 사람의 몸을 해치거나 물건을 훔친 죄가 아니라 마음의 상처를 준 죄라는 말이다. 보통의 죄는 시간이 지나고 재물을 들이면 회복되지만 한번 다친 마음은 '단말마'로 남아 쉽게 회복되지 않는다는 뜻이다.

단 장 斷 腸
끊을 **단** 창자 **장**

창자가 끊어지다. 매우 슬프고 안타까워서 창자가 끊어지는 듯한 아픔을 말한다.

《세설신어世說新語 · 출면편黜免篇》

동진東晉의 환온桓溫이 촉蜀나라를 정벌하기 위하여 출정했을 때 부하 한 사람이 새끼 원숭이 한 마리를 붙잡았다. 그리고 그들은 배를 타고 강을 따라 내려갔는데 그것을 본 어미 원숭이가 강기슭으로 따라오면서 내내 슬프게 울부짖었다.

그러나 그들은 모르는 체 그대로 갔고 배가 기슭에 닿자 어미 원숭이가 훌쩍 배 안으로 뛰어들었다. 그리고는 이내 기절해 죽었다.

그 어미 원숭이의 배를 갈라 보니 창자가 토막토막 끊어져 있었다. 그 말을 들은 환온은 크게 화를 내며 그 부하를 잡아 매질한 뒤 내쫓아 버렸다.

이 고사에서 견딜 수 없는 슬픔이라는 뜻의 '단장斷腸'이라는 말이 생겼다.

大器晚成

클**대** 그릇**기** 늦을**만** 이룰**성**

> 큰 그릇은 오랜 시간이 걸려야 만들어진다. 즉 크게 성공하려면 그만큼 시간이 걸린다는 뜻이다.
> 《노자老子》, 《삼국지三國志·위지魏志·최염전崔琰傳》, 《후한서後漢書·마원전馬援傳》

《노자老子》에 '아주 큰 네모는 구석이 없으며, 가치가 있는 그릇은 뒤늦게 완성된다(大方無偶 大器晚成).'는 구절이 있다.

또 '너무나 큰 소리는 도리어 소리가 나지 않고, 가장 큰 형태는 도리어 형상이 없다. 절대적인 불변의 도는 이처럼 광대해서 그 정체를 알 수가 없는 것이다(大音希聲 大象無形 道隱無名).'라는 구절도 있다.

어떤 일이나 현상이 위대하고 훌륭하게 되기까지는 시간이 많이 걸린다.

삼국 시대 위魏나라 최림崔林은 외모가 시원치 않았으나 나중에 위의 삼공三公이 되었으며, 후한의 마원馬援은 지방 관리로 출발했으나 나중에는 복파장군伏波將軍이 되어 큰 공을 세웠다.

도원결의 桃園結義

복숭아 **도** 동산 **원** 맺을 **결** 뜻 **의**

복숭아밭에서 의를 맺는다는 말로, 전혀 다른 성격을 가진 사람들이 사사로운 욕심이나 야망을 뒤로한 채, 같은 목적을 향해 의기투합하는 것을 말한다.

《삼국지연의三國志演義》

전한前漢이 외척外戚에 의해 멸망하고, 이어 들어선 후한後漢에서는 환관宦官들이 황제를 등에 업고 권력을 마음대로 휘둘렀다. 먹고살기 힘든 백성들은 도적이 되었고, 그중 황건적黃巾賊의 세력이 가장 컸다.

이러한 때에 왕실의 먼 친척 유비劉備와 푸줏간을 운영하던 장비張飛, 포악한 관료를 처단하고 떠돌던 관우關羽가 푸줏간 뒤뜰 복숭아 밭에서 의형제를 맺었다(桃園結義).

그들은 비록 같은 날 같은 때에 태어나지는 못했지만 한날 한시에 죽기를 다짐했다. 그 후 세 사람은 3백여 명의 군사를 인솔해서 황건적 토벌에 가담했다.

나중에 제갈공명諸葛孔明을 맞아들인 유비는 위魏 나라의 조조曹操, 오吳나라의 손권孫權과 함께 천하를 3등분 하여 삼국 시대를 정립시킨다.

塗炭之苦

바를 **도** 숯 **탄** 어조사 **지** 괴로울 **고**

진흙의 수렁이나 불구덩 속에 떨어진 것 같은 고통을 나타내는 말로 생활 형편이 몹시 곤란함을 말한다. 여기서 도는 진흙이란 뜻이고, 탄이란 숯불을 뜻한다.

《서경書經 · 상서尙書》

하夏나라 마지막 왕 걸桀은 말희末喜란 애첩의 품 안에서 방탕한 세월을 보냈다. 그러자 탕왕湯王이 이러한 부덕과 학정에 반대해 군사를 일으키며 다음과 같은 연설을 했다.

"하나라 왕은 폭정을 일삼아 백성들을 도탄塗炭의 고통에 빠지게 했다. 백성들은 하나같이 그의 폭정에 피해를 당했고, 도독(쏨 바귀의 독)의 아픔을 견디지 못해 뼈를 저리는 고통을 받고 있다. 하늘은 언제나 착한 이에게 복을 주고 음란한 이에게 벌을 주었다. 이제 내가 천명을 대신해 걸왕의 죄를 밝힐 것이다."

진흙 구덩이에 빠지고 숯불 속에 떨어진 것과 같은 괴로움을 '도탄지고塗炭之苦'라 한다.

同病相憐

같을**동** 앓을**병** 서로**상** 불쌍히여길**련**

같은 병을 앓는 사람끼리 서로 불쌍히 여긴다는 말로, 비슷한 처지에 있는 사람끼리 상대를 딱하게 여겨 동정한다는 뜻이다.

《오월춘추吳越春秋》

초楚나라의 오자서伍子胥는 아버지 오사伍奢가 비무기費無忌의 모함으로 역적의 누명을 쓰고 죽자 오吳나라로 망명했다.

그리고 오왕 합려闔廬의 신임을 얻어 실권을 잡게 되었다. 그 때 초나라에서 백비伯라는 사람이 망명해 왔다. 그의 아버지도 오자서의 아버지처럼 억울한 죽음을 당했다. 오자서는 백비를 대부의 벼슬에 추천했다. 그것은 같은 병을 앓는 사람은 서로 불쌍히 여긴다(同病相憐)는 심정 때문이었다.

그러나 백비는 적국인 월越나라의 뇌물을 받고 오자서를 모함 했다. 그러자 오자서는 자살하고 말았다. 오자서는 그를 '동병상 련'으로 이끌어 주었으나, 백비는 그 은공을 원수로 갚았다.

登龍門

오를**등** 용**룡** 문**문**

용이 되어 하늘로 올라가는 문. 즉 입신출세하는 어려운 관문이란 뜻
이다. 중요한 시험이라는 의미로 쓰인다.

《후한서後漢書 · 이응전李膺傳》

후한後漢 때 이응李膺은 매우 청렴하고 강직한 관리였다. 그는
옳지 못한 것을 보면 몸을 사리지 않았다.

환관들이 권력을 남용하자 이응은 그들과 맞서 싸웠다. 때문
에 환관들은 이응의 말만 꺼내도 벌벌 떨었다. 그래서 세상 사
람들은 이응을 만나는 것을 '용문에 들어선다登龍門'며 매우 자랑
스럽게 생각했다.

원래 용문龍門이란 황하黃河 상류 섬서성陝西省에 있는 협곡의
이름이었다. 이 협곡은 물의 흐름이 빨라서 그 흐름을 거슬러
오르는 물고기는 거의 없었다. 그래서 그 급류를 타고 넘는 물
고기는 곧 용이 된다는 것을 의미했다.

고기가 '용문에 오른다(登)'는 것은 곧 용이 되는 것을 뜻한다. 당시 사람들은 이응을 만나는 것을 물고기가 '등용문登龍門'을 통과하는 것에 비유했다.

막역지우 莫逆之友
아닐 **막** 거스를 **역** 어조사 **지** 벗 **우**

> 거칠 것이 없는 친한 친구. 허물이 없어서 말할 나위 없는 절친한 사이
> 를 뜻한다. 막역은 마음에 거슬림이 없다는 말이다.
>
> 《장자莊子·대종사편大宗師篇》

자사子祀, 자여子與, 자리子梨, 자래子來 네 사람은 절친한 친구
였다. 네 사람이 서로 이야기를 나누었다.

"누가 무(無)로서 머리를 삼고, 삶(生)으로서 등을 삼고, 죽음(死)
으로 궁둥이를 삼겠는가? 누가 있고 없고 살고 죽는 것이 일체
인 것을 알겠는가? 이것들과 더불어 친구가 되리라."

그들은 서로를 바라보며 한마음이 되어 웃었다. 그리고 서로
의 마음에 거슬림이 없는지라 친구가 되었다(四人相視而笑 莫逆於心
遂相與友).

‘막역莫逆’이란 서로 막힐 것이 없는 한마음 한뜻이 되었음을 뜻한다. 자상호子桑戶, 맹자반孟子反, 자금장子琴張의 이야기도 위와 같은 이야기다.

서로 거침이 없는 한마음 한뜻의 친구를 뜻한다.

明 鏡 止 水
밝을 **명** 거울 **경** 그칠 **지** 물 **수**

맑은 거울 같은 물. 즉 움직임이 없고 고요히 괴어 있는 물을 가리킨다.
사사로운 욕심이 없는 깨끗한 마음을 비유한 말이다.

《장자莊子 · 덕충부편德充符篇》

거울은 미인은 미인 그대로 비추고, 추한 여자는 추한 그대로
비추는 등 어떤 것이라도 있는 그대로 보여 준다.

노魯나라 왕태王駘는 형벌을 받아 발 하나를 잘렸다. 그러나
그는 덕망이 높아 공자孔子만큼 따르는 제자가 많았다.

이에 공자의 제자 상계常季가 공자에게 물었다.

"그는 서 있거나, 앉아 있거나, 의논하는 일이 없어도 무언중
에 깨달아 얻는다고 합니다. 그는 어떤 사람일까요?"

"그렇다면 그는 성인聖人이다. 나도 그분을 찾아뵈어야겠다.
바로 그분의 마음이 명경지수이니라. 그런데 무릇 자기 모습을
비추어 볼 때에는 흐르는 물이 아니라 고요히 괴어 있는 물을
거울로 삼아야 할 것이다. 언제나 변함이 없는 마음을 지니고

있는 사람이 타인에게도 안정을 줄 수 있기 때문이다(人莫鑑於流水
而鑑於止水)."

　괴어 있는 물처럼 잔잔하고 맑은 인품을 가지면 그를 흠모하
는 사람들이 저절로 모여든다. 거울처럼 티 없이 맑은 물을 '명
경지수明鏡止水'라고 한다.

모순 矛盾
창 모 방패 순

창과 방패란 말로, 말이나 행동의 앞뒤가 서로 맞지 않는 것을 뜻한다.

《한비자韓非子 · 난세편難勢篇》

전국 시대 초楚나라의 저잣거리에 창(矛)과 방패(盾)를 파는 사람이 있었다. 그는 먼저 방패를 들고서 자랑했다.

"이 방패는 아주 견고하여 어떤 것으로도 뚫을 수가 없습니다."

그리고 이번에는 창을 들고 자랑했다.

"이 창은 대단히 날카로워서 뚫지 못하는 것이 없습니다."

그러자 그 옆에서 잠자코 말을 듣고 있던 사람이 물었다.

"그렇다면 그 창으로 그 방패를 뚫으면 어떻게 되겠습니까?"

그러자 그 사람은 아무 대답도 못하고 황급히 사라졌다.

《한비자韓非子》라는 책에 나오는 이야기다.

彌 縫 策

그칠**미** 꿰맬**봉** 꾀**책**

터진 옷을 임시로 꿰맨다는 말로, 잘못을 모면하고자 임시로 꾸며 대는 눈가림 대책을 말한다.

《춘추좌씨전春秋左氏傳 · 주환왕전周桓王傳》

춘추 시대 주周나라의 환왕桓王은 쇠약해진 천자국天子國을 다시 재건하고자 애썼다. 제후국 중 정鄭나라의 장공莊公이 강력한 세력을 형성하자 견제하고자 장공의 정치적 실권을 박탈했다.

장공은 이에 원한을 품고 조공을 중지했다. 그러자 환왕은 아예 정나라를 토벌할 생각으로 제후국을 중심으로 연합군을 만들었다.

장공은 내란이 있는 진陳나라를 먼저 공격하면 연합군은 곧 혼란에 빠질 것이고, 그런 다음 환왕의 주군을 토벌하면 승리할 것이라고 생각했다. 그래서 군사를 실은 수레를 앞세우고 그 수레와 수레 사이에 보병을 세우는 '오승미봉伍承彌縫'의 전법을 써 크게 승리했다.

발본색원 拔本塞源

뽑을 **발** 근본 **본** 막을 **색** 근원 **원**

> 뿌리를 완전히 뽑아 없애고 근원을 덮어 막는다. 잘못된 점을 근본적
> 으로 고쳐 해결한다는 뜻.
>
> 《춘추좌씨전春秋左氏傳》

《춘추좌씨전春秋左氏傳》의 소공昭公 9년 조항을 보면 주왕周王이 그의 백부伯父에게 다음과 같이 말한다.

"저에게 백부님이 계신 것은 마치 의복에 갓과 면류관이 있는 것과 같고, 나무에 근원의 뿌리가 있는 것과 같고, 백성들에게 훌륭한 군주가 있는 것과 같습니다. 백부께서 만약 갓을 찢고 면류관을 부수며, 뿌리를 뽑고 막는다면(拔本塞源), 그것은 저로서 는 훌륭한 군주를 잃어버리는 것이며, 그렇게 되면 하찮은 오랑 캐들이라 할지라도 저를 어떻게 보겠습니까?"

나중에 명明나라 왕양명王陽明이 '하늘의 이치를 지니고 사사로 운 욕심을 버리라'는 발본색원론을 펴 이 말은 더욱 널리 알려진 성어가 되었다.

百年河淸

일백 **백** 해 **년** 물 **하** 맑을 **청**

황하黃河는 항상 누렇게 흐려 있어 맑아지지 않는다. 즉 아무리 기다려도 소용이 없음을 말한다.

《춘추좌씨전春秋左氏傳》

정鄭나라의 주영왕周靈王이 초楚나라의 후광을 받고 있는 채蔡나라를 공격하였다. 그러자 초나라가 반격에 나섰다. 정나라 대신들은 진晉나라에 구원을 청할지 초나라와 강화를 맺어야 할지 의견이 분분했다. 이때 자사子駟가 나서서 말했다.

"주나라의 시詩에 이르길 '황하가 맑아지기를 기다린다는 것은 사람의 짧은 목숨으로는 도저히 불가능하다. 점쳐서 꾀하는 일이 많으면 새가 그물에 얽힌 듯 갈피를 못 잡는다(周詩有之日 待河之淸 人壽幾何 兆云詢多 職競作羅).'라고 했습니다."

이 말은 진나라의 구원병이 오기를 기다리는 것은 황하가 맑기를 기다리는 것과 다를 바가 없으니 강화를 맺어야 한다는 뜻이었다.

百聞不如一見

일백 **백** 들을 **문** 아닐 **불** 같을 **여** 한 **일** 볼 **견**

백 번 듣는 것이 한 번 보는 것보다 못하다는 말. 소문으로 들은 것보다
직접 보거나 경험하는 것이 확실함을 이른다.

《한서漢書 · 조충국전趙充國傳》

　　전한前漢의 선제宣帝 때였다. 티베트의 유목민 강족光族이 쳐들
어 왔다. 선제는 어사대부 병길丙吉에게 누구를 토벌대장으로 보
내야 할지 의논했다.

　　병길은 장군 조충국趙充國에게 물어보았다. 그러자 조충국은
서슴없이 자신을 보내 달라고 했다. 그는 이광리李廣利 휘하에
있을 때 흉노족의 토벌에 앞장서 100여 명의 군사로 큰 전공을
세운 적이 있어 그로 인하여 거기장군車騎將軍에 임명되어 오랑
캐 토벌에 선봉장이 되었다.

　　선제가 조충국에게 말했다.

　　"장군의 전략을 듣고 싶소."

　　그러자 조충국이 말했다.

"백 번 듣는 것이 한 번 보는 것보다 못합니다(百聞不如一見). 군사의 전략은 멀리 떨어져서는 계획을 짜기 어렵습니다. 하오니 현지로 달려가 전략을 세우겠습니다."

이리하여 조충국은 유목민의 반란이 잦은 금성金城 지역으로 달려가 현지 정세를 파악한 뒤 둔전책屯田策을 실시했다. 즉 보병 만여 명을 각지에 배치하여 농사일을 해가면서 군무에 종사하는 지연작전을 병행했던 것이다.

1년 뒤, 강족의 반란은 진압됐다.

白眼視
흰백 눈안 보일시

흰 눈동자로 흘겨본다는 말로, 타인을 무시하는 태도. 즉 남을 업신여기거나 냉대하는 것을 말한다.

《진서晉書 · 완적전阮籍傳》

위魏나라 때 노장老莊 철학에 심취하여 대나무 숲에 은거하던 죽림칠현竹林七賢 중에 완적阮籍이란 사람이 있었다.

그가 모친상을 당하여 장례를 지내는 동안, 손님들이 찾아오면 까만 눈동자와 흰 눈동자로 감정을 표시를 했다. 즉 세속적인 선비를 만나면 흰 눈동자로 흘겨보고, 고매한 선비가 찾아오면 까만 눈동자로 반겼다.

죽림칠현 혜강嵇康의 동생 혜희嵇喜가 찾아오자 그는 흰 눈동자로 흘겨보았다. 이에 혜희는 섬찟해서 돌아갔다. 다음에는 혜강이 술과 거문고를 들고 찾아오자 이번엔 까만 눈동자로 쾌히 반겼다.

그에게 백안시 당한 사람들은 완적의 그런 태도를 원수 대하
듯 미워했다.

'백안시白眼視'란 말은 사람을 푸대접하는 대표적 표현으로 인
식되고 있다.

불야성 不夜城

아닐 **불** 밤 **야** 성 **성**

> 밤이 오지 않는 성. 즉 밤새도록 불이 꺼지지 않을 정도로 번화하고 활기찬 상태를 비유한 말.
>
> 《삼제략기三齊略記》

불야성不夜城은 원래 지명地名이었다. 《삼제략기三齊略記》에 다음과 같은 말이 있다.

'불야성은 양천陽遷 동남쪽에 있는데 옛날부터 밤에도 해가 떠서 지지 않았으므로 그 지역을 불야라고 부르며 특이하게 여겼다.'

또 소정蘇斑은 〈광달루하야시포연응제시廣達樓下夜侍酺宴應製詩〉에서 다음과 같이 읊었다.

'누대의 빼어난 경관을 춘원이라 부르는 것은 당연한데 등불은 연이어져 불야성 같구나(樓臺絶膽宜春苑 燈火還同不夜城).'

사람들이 많이 몰려 거리가 떠들썩하거나 사업이 매우 호황을 이룰 때 '불야성을 이룬다'란 표현을 쓴다.

붕정만리 鵬程萬里

봉새**붕** 법**정** 일만**만** 마을**리**

봉새의 갈 길이 만 리라는 말로, 보통 사람으로는 생각할 수도 없는 원대한 계획을 비유하는 말이다. 전도가 양양하다는 말과 같은 뜻이다.

《장자莊子 · 소요유편逍遙游篇》

북해北海의 곤鯤이라는 물고기는 그 길이가 몇천 리인지 모를 정도로 컸다. 이 고기가 변해서 붕새가 되니 그 역시 어찌나 큰지 날아가는 모양을 다음과 같이 묘사했다.

'붕새가 북해에서 남해로 날아갈 때 한번 날갯짓을 하면 삼천 리에 격랑이 일어나면서 구만리 창공을 솟구쳐 오른다(鵬之涉 于南 溟也 水擊三千里 扶搖而上者九萬里).'

이처럼 한번에 구만리를 나는 대붕大鵬을 보고 작은 새가 비웃으며 말했다.

"대관절 저 새는 날 때의 기분이 어떨까? 나는 기껏해야 대여섯 자 숲 위를 날 뿐인데도 짜릿하고 재미가 나는데……."

작은 것은 위대한 것의 마음을 알 턱이 없다. 이것이 대소의 차이점이다.

청운의 꿈을 품은 젊은이에게 '앞길이 구만리 같다.'라고 말한다. '붕정만리鵬程萬里'에서 파생된 표현이다.

脾 肉 之 嘆

허벅다리 **비** 고기 **육** 어조사 **지** 탄식할 **탄**

> 살이 찌는 것을 탄식한다. 즉 무사가 말을 타고 달릴 기회가 없어
> 허벅지에 살만 찐다는 뜻으로, 자신의 재주를 발휘할 기회가 없음
> 을 탄식하는 말이다.
>
> 《삼국지三國志 · 촉지蜀志》

후한後漢 말 황족 유비劉備가 조조曹操 밑에 있는 것이 싫어 잠
시 형주荊州의 유표劉表에게 의탁해 작은 성 하나를 맡고 있었다.

어느 날, 그는 유표의 초대로 연회에 참석해 술을 마시다가
변소에서 자신의 넓적다리에 살이 오른 것을 발견했다. 그래서
허송세월하는 것을 탄식하는 시를 읊었다.

'전에는 하루도 몸이 말안장을 떠나지 않아 넓적다리에 살이
없더니, 이제는 오랫동안 말을 타지 않으니 살이 올랐다. 세월은
덧없이 가건만 공업功業을 쌓지 못하였으니 이 점이 서럽구나(五常
身不離鞍髀肉皆消 今不復騎髀裏肉生 日月若馳 老將至 而功業不建 是以悲耳).'

'비육지탄髀肉之嘆'은 허벅다리에 살이 쪄 자신의 재능이 쓸모
없어져 가는 것을 탄식했다는 데서 유래했다.

似而非

같을 **사** 써 **이** 아닐 **비**

옳은 듯하지만 실제로는 아니다. 즉 진짜인 듯하나 실제로는 아주 다른 것을 말한다.

《맹자孟子 · 진심장구하盡心章句下》

얼핏 보면 그럴싸한데 사실은 가짜인 것을 말한다.

공자는 "사이비한 자를 미워한다. 가라지(강아지풀)는 잡초지만 벼의 모양과 비슷해서 구분하기가 어렵다. 내가 말을 잘하는 자를 미워하는 것은 정의를 혼란케 하기 때문이다. 또 정鄭나라 음악을 미워하는 것은 그것이 아악과 비슷해서 올바른 음악을 혼란시키기 때문이다."라고 말했다.

공자는 본성이 인의仁義에 뿌리박지 못하고, 겉만 번드르르하며 처세술에만 능한 사이비 선비를 덕을 해치는 사람이라며 미워했다.

蛇足

뱀**사**　발**족**

> 뱀의 발. 즉 쓸데없는 말이나 공연한 행동으로 일을 그르칠 때에 비유하는 말이다. 화사첨족畵蛇添足의 준말이다.
>
> 《전국책戰國策 · 제책齊策》

초楚나라의 한 부자가 어느 날, 하인들에게 술 한 통을 하사했다. 그런데 사람은 많고 술은 적은지라 일꾼들은 뱀을 먼저 그리는 사람이 술을 마시기로 했다.

그리하여 제일 먼저 뱀을 그린 한 사람이 술을 마시게 되었다. 그런데 그는 술잔을 든 채 계속 뱀의 발을 그리며 자신은 뱀의 발도 그릴 수 있다고 자랑했다. 그러자 옆에 있던 사람이 제빠르게 뱀을 다 그리고 나서 "뱀은 원래 발이 없는데 당신은 발을 그렸으니 그건 뱀이

아니다."라고 말하며 술을 빼앗아 마셔 버렸다.

처음 뱀을 그린 사람은 괜히 뱀의 발까지 그렸다가 술잔을 빼앗겨 버렸으니 재주를 뽐내려다가 도리어 일을 그르친 것이다.

초楚나라의 장군 소양昭陽이 회왕懷王의 명을 받고 위魏나라를 치고 난 뒤에 제齊나라를 공격하려 하자, 제나라 위왕威王이 군신 진진陳軫에게 대책을 세우라고 했다. 그러자 진진은 초나라로 들어가 소양에게 말했다.

"장군께서는 위나라를 공격하여 공적을 세우심으로써 초나라의 최고 관직에 계십니다. 이제 또다시 제나라를 공격하여 승리를 거두어도 당신의 관직은 더 이상 오를 곳이 없습니다. 그런데 만약 패한다면 지금의 관직은 물론 목숨도 위태로워질 것입니다. 이는 뱀을 그리고 난 뒤에 다리까지 그리는 것과 같습니다. 그러니 싸움을 중지하고 제나라에 은혜를 베푸시는 것이 좋을 것입니다."

소양은 고개를 끄덕이며 군대를 철수시켰다.

'사족'은 '화사첨족畫蛇添足'을 줄인 말이다.

삼십육계
주위상책

三十六計
석삼 열십 여섯육 꾀계
走爲上策
달릴주 삼을위 윗상 꾀책

36가지 계책 중에 도망치는 것이 상책이란 말. 즉 불리하면 도망쳤다가 후일을 기약한다는 계략이다.

《자치통감資治通鑑》

남북조南北朝시대 제나라의 왕 명제明帝는 선왕을 죽이고 스스로 왕이 되었다. 그는 제위에 오르자 자신의 편에 가담했던 신하들까지 처단했다. 이에 신하 왕경측王敬則이 1만 명으로 반란을 일으켜 진압군을 무찔렀고, 휘하의 병졸들이 10만 명까지 불어났다.

그러자 병석에 누운 명제를 대신하여 태자 소보권蕭寶卷이 피난 준비를 서둘렀다. 그 말을 듣고 왕경측은 크게 비웃었다.

"단공檀公의 36가지 계책 중에 도망치는 게 제일 낫다는 주위상책走爲上策이라는 말이 있다더니 그 꼴이로구나."

단공이 다른 나라와 싸울 때 걸핏하면 도망쳤기 때문에 단공삼십육지책檀公三十六之策이란 말이 생겼다. 또 이로부터 '삼십육계 줄행랑'이란 표현도 생겼다.

相 思 病

서로 **상** 생각 **사** 병 **병**

사랑하면서도 뜻을 이루지 못해 생긴 병. 즉 사랑하는 사람을 잊지 못하여 생기는 마음의 병을 말한다.

간보干寶의 《수신기搜神記》

춘추 시대 송나라의 강왕康王은 등극하자 여자와 더불어 술로 밤을 새우고, 포악한 행동을 서슴지 않았다.

그는 자신의 시종 중에 한빙韓憑이란 자의 부인이 절세미인이라는 소리를 듣고 그녀를 취하기 위해 한빙에게 없는 죄를 뒤집어 씌워 유배를 보내버렸다. 그리고 그녀를 강제로 데려와 후궁으로 삼았다.

그러자 한빙의 아내 하씨가 강왕 몰래 남편에게 짤막한 편지를 보냈다.

'비는 그치지 않고 강은 크고 물은 깊으니, 해가 나오면 맞겠소.'

그러나 그 편지는 강왕의 손에 들어갔고, 강왕의 가신家臣 소하蘇賀가, '당신을 그리는 마음 크지만 방해물이 많아 만날 수 없으니 죽어 버리겠소.'라는 뜻이라고 해석했다.

그 후 한빙이 자살했다는 소식을 듣고 하씨도 성 위에서 투신 자살을 하며 유서를 남겼다.

'임금은 사는 것을 행복으로 여기지만 나는 죽는 것을 행복으로 여깁니다. 바라건대 한빙과 합장해 주십시오.'

화가 난 강왕은 오히려 두 사람의 무덤을 떨어지게 만들고, "죽어서도 사랑하겠다는 거냐? 그렇다면 어디 무덤을 하나로 합쳐 보아라."라며 코웃음을 쳤다.

그러자 밤 사이에 두 무덤 위에 소나무가 각각 자라기 시작하더니 열흘이 채 안 되어 큰 아름드리나무가 되었다. 그리고 위로는 가지가 서로 얽히고, 아래로는 뿌리가 서로 맞닿았다. 또 나무 위에는 원앙새 한 쌍이 찾아와 슬피 울었다. 이를 본 사람들 모두 눈물을 흘리며 이 새는 한빙 부부의 넋일 거라고 수군거렸다.

사람들은 슬픈 사연의 그 나무를 상사수相思樹라 했고, '상사병相思病'이라는 말도 여기서 유래되었다.

桑田碧海

뽕나무 **상** 밭 **전** 푸를 **벽** 바다 **해**

뽕나무 밭이 푸른 바다로 변한다는 말로, 세상이 몰라볼 정도로 변하는 것을 비유한다.

유희이劉希夷의 시 〈대비백두옹代悲白頭翁〉

당나라 초기의 시인 유희이劉希夷의 시에 다음과 같은 구절이 있다.

낙양성 동쪽의 복숭아꽃, 오얏꽃

(洛陽城東桃李花 낙양성동도리화)

날아오고 날아가며 뉘 집에 지는고.

(飛來飛去落誰家 비래비거낙수가)

내년에 피는 꽃은 그 누가 보려나.

(明年花開復誰在 명년화개부수재)

정녕 뽕나무 밭이 바다가 되도다.

(更聞桑田變成海 경문상전변성해)

이 말은 《신선전神仙傳》의 선녀 마고麻姑의 이야기에서도 나온다.

선녀 마고가 신선 왕방평王方平에게 말했다.

"곁에서 모신 이래 저는 동해가 세 번이나 뽕나무 밭으로 바뀌는 것을 보았습니다."

그러자 왕방평이 말했다.

"그러기에 성인들이 이르지 않았는가. 바다가 변해 물을 날리기는커녕 먼지를 일으키고 있다고 말이야."

놀랍게 변해 버린 세상을 보고 '상전벽해桑田碧海'라고 한다. '창해상전滄海桑田'도 같은 뜻이다.

水魚之交

물 **수** 물고기 **어** 어조사 **지** 사귈 **교**

> 물과 물고기의 교류. 즉 끊으려야 끊을 수 없는 불가분의 관계 또는 영
> 원히 변치 않는 절친한 우정을 이른다.
>
> 《삼국지三國志 · 촉지蜀志 · 제갈량전諸葛亮傳》

유비劉備의 측근에는 관우關羽 · 장비張飛 · 조운趙雲 등 훌륭한
장수들이 여럿 있었다. 그러나 함께 일을 꾸밀 만한 인재는 없
었다. 그래서 제갈공명諸葛孔明에게 삼고초려三顧草廬와 같은 갖은
정성을 다한 끝에 그를 대업에 참여하게 만들었다.

유비는 제갈공명을 스승으로 공경하며 침식을 같이했다. 장
비는 그것을 알고 고작 27세 밖에 안 된 제갈공명을 대하는 유
비의 태도가 지나치다고 생각해서 불평을 늘어놓았다.

그러자 유비는 확고한 믿음을 가지고 말했다.

"내가 공명을 얻은 것은 물고기가 물을 만난 것과 같아서 나
는 공명 때문에 살아 있다고 해도 지나친 말이 아니다. 두 번
다시 거기에 대해 여러 말을 하지 말라(寡之有孔明 猶魚之有水也 願諸

勿復言)."

　이로부터 없어서는 안 될 소중한 친구를 '수어지교水魚之交'라
고 부르게 되었다.

어둠 속에서 더듬거리며 찾는다는 말로 확실히 모르면서 어림짐작으로 무엇을 알아내려 하거나 찾으려는 것을 비유한다.

유속劉餗의 《수당가화隨唐佳話》

당唐나라 측천무후 때의 학자 허경종許敬宗은 세상일에 대해서 전혀 모를 뿐만 아니라 기억력이 좋지 않아 남의 얼굴을 잘 기억하지 못했다. 그래서 사람들이 그를 비웃자 그가 말했다.

"하찮은 인간의 얼굴을 기억하는 것은 불필요한 노력의 낭비다. 하지만 조식趙植이나 사영운謝靈運 같은 문장의 대가라면 나는 어둠 속에서 손을 더듬어서라도 알 수 있다(暗中摸索)."

오늘날에는 스승이나 경험이 없어도 스스로 대안을 모색하는 행동을 '암중모색暗中摸索'이라 한다.

五里霧中

다섯 **오** 거리 **리** 안개 **무** 가운데 **중**

> 사방 5리가 온통 질은 안갯속에 뒤덮여 있다는 말로, 어떤 사물의 행방
> 이나 단서를 찾기가 어려운 경우를 말한다.
>
> 《후한서後漢書 · 장패전張霸傳》

후한後漢 순제順帝 때 장해張楷라는 학문이 뛰어난 선비가 있었
다. 그는 지조가 굳어 권세나 세상에 야합하지 않고 고고하게
살았다.

순제가 그의 인물됨을 알고 등용하려 했으나 그때마다 핑계를
대고 응하지 않았다. 그는 벼슬을 탐하지 않고 산중에서 은거하
며 생활했는데 그럼에도 불구하고 그의 덕을 흠모해 집에 모여
드는 사람들이 많아서 공초시公超市란 시장이 생길 정도였다.

그는 장패張霸의 아들로, 아버지를 닮아 학문이 뛰어나 《춘추》
와 《고문상서》에 능통해서 그의 문하에 제자만도 100여 명이 넘
었다.

또한 방술에도 일가견이 있어 도술道術을 즐겼다. 특히 오리무

五里霧라는 방술에 능했다. 오리무란 5리나 이어지는 안개를 일으키는 재주를 말한다. 그때 관서 사람 배우裴優도 도술에 관심이 있어 그 재주를 배우려고 했으나 장해는 자기의 모습을 감추고 만나 주지 않았다.

오십보백보 五十步百步

다섯 **오** 열 **십** 걸음 **보** 일백 **백** 걸음 **보**

오십 보를 도망친 사람이나 백 보를 도망친 사람이나 도망친 것은 다 같다는 뜻. 외견상 약간의 차이가 있더라도 본질은 같다는 말이다.

《맹자孟子 · 양혜왕편梁惠王篇》

전국 시대 때 위魏나라의 양혜왕梁惠王이 맹자孟子에게 물었다.

"과인은 마음을 다해 백성을 다스려 왔다고 생각합니다. 그 예로 하내河內 지방의 수확이 좋지 못하면 그 이재민들을 하동河東의 곡식을 옮겨 돕고, 하동 지방에 흉년이 들면 하내의 식량을 실어다가 구호하였습니다. 이웃 나라의 어느 왕도 나와 같이 하는 사람이 없는데 내 백성의 수가 늘지 않은 것은 무엇 때문입니까?"

맹자가 말했다.

"폐하께서 전쟁을 좋아하시니 전쟁의 예를 들어 이야기하겠습니다. 싸움이 시작되어 전투가 한창 벌어지고 있는데 군사들이 갑옷과 무기를 버리고 달아나고 있습니다. 어떤 자는 50보를 도망가서 멈추고 어떤 자는 100보를 도망가서 멈추었습니다. 그런데 50보 도망간 자가 100보 도망간 자를 겁쟁이라고 비웃는다면 어떻겠습니까?"

양혜왕이 그 말에 한참 있다가 대답했다.

"100보나 50보나 도망간 것은 마찬가지가 아니요?"

"그렇지요. 그것을 아신다면 대왕께서 어찌 스스로 이웃 나라의 왕보다 낫다고 생각하실 수 있습니까? 전하께서는 인의의 정치와 상관없이 부국강병富國强兵을 지향하여 오셨습니다. 그러니 이웃 나라와 똑같은 목적을 가지고 백성을 구호하셨는데 진정으로 백성을 생각해서 구호한 양 자랑하시니 이웃 나라보다 백성이 많아지지 않는 것입니다. 그러니 한탄하지 마십시오."

이로부터 '오십보백보五十步百步'란 말을 사용하게 되었다.

오합지졸 烏合之卒

까마귀 **오** 합할 **합** 어조사 **지** 군사 **졸**

까마귀가 모인 것같이 질서와 규칙이 없는 군중을 일컫는다. 즉 어중
이떠중이가 모여 규율도 통일성도 없는 무리를 말한다.

《후한서後漢書·경엄전耿弇傳》

하북성河北城의 태수 아들 경엄耿弇이 왕랑王郞이라는 자가 군
사를 일으켜 천자天子라고 칭하고 있다는 이야기를 들었다. 그런
데 경엄의 부하 중에 송창宋倉과 위포衛包가 이를 두둔하고 나섰
다. 이에 경엄이 타일렀다.

"왕랑은 좀도둑인데 유자여劉子輿라고 이름을 사칭하여 난을
일으킨 것이다. 오합지졸인 왕랑의 군사를 친다면 썩은 나뭇가
지를 부러뜨리는 것과 같아 쉽게 왕랑을 포로로 잡을 수 있을
것이다. 그런데 너희들이 그것도 모르고 적과 한패가 되어 나중
에 몰살당하게 된다면 어쩌려고 그러느냐?"

경엄은 훗날 이들을 토벌하는 데 크게 전공을 세우고 건의대
장군建儀大將軍이 되었다.

완 벽 完 璧

완전할 **완** 구슬 **벽**

흠 하나 없는 귀한 화씨벽和氏璧이란 구슬에서 유래된 말로, 완전한 상태를 말한다. 완전무결한 것으로 온전히 보전한다는 뜻도 된다.

《사기史記 · 인상여열전藺相如列傳》

　　전국 시대 조趙나라의 혜문왕惠文王은 귀한 보석 화씨벽和氏璧이란 구슬을 손에 넣었다. 그런데 진秦나라의 소양왕이 그것을 탐내며 진나라의 15개 성과 바꾸자고 제의했다. 조나라는 난감했다. 그 제의는 핑계에 불과하고 만일 구슬을 주지 않으면 곧 공격해 올 기세였다.

　　이때 인상여藺相如란 사람이 자신이 직접 구슬을 가지고 진나라를 방문해서 협상을 하겠노라고 나섰다. 진의 소양왕昭陽王은 구슬을 보고 매우 기뻐하긴 했으나 15개의 성에 관해서는 입을 다물었다. 인상여가 말했다.

　　"그 구슬에는 사실 한 군데 흠이 있습니다. 제가 그것을 가르쳐 드리겠습니다."

이렇게 꾀를 써서 구슬을 돌려받은 인상여는 갑자기 정색을 하며 왕에게 말했다.

"제가 조나라의 뜻을 받들어 이 구슬을 가지고 여기까지 온 것은 귀국이 반드시 신의를 지킬 것을 믿었기 때문입니다. 그런데 대왕께서 신임을 저버리신다면 조나라를 우습게 생각하는 것과 다름없습니다. 저는 다시 이 구슬을 저희 나라로 가져가겠습니다. 굳이 구슬을 원하신다면 제 머리가 이 구슬과 함께 기둥에 부딪히는 참극을 보실 것입니다."

그러면서 인상여는 실제로 자기 머리를 구슬과 함께 기둥에 부딪힐 기세를 보였다. 소양왕은 우선 구슬이 깨질까 봐 크게 당황했다.

결국 진나라는 15개 성을 내주는 조약을 맺었다. 인상여의 용기와 지혜로움은 이때부터 널리 알려졌다. 그는 조나라로 돌아가서 재상에 올랐다.

'완벽完璧'은 화씨벽의 귀한 구슬에 관한 이야기에서 유래되어 일상의 용어로 굳어진 말이다.

龍頭蛇尾

용龍 머리頭 뱀蛇 꼬리尾

용의 머리에 뱀의 꼬리라는 말로, 처음 시작은 아주 그럴듯하게 보였
으나 끝에 가서는 흐지부지되는 경우를 말한다.

《벽암집碧岩集》

송宋나라의 스님 원오극근圓悟克勤이 쓴 《벽암록碧巖錄》에 다음
과 같은 이야기가 실려 있다.

진존자陳尊者는 득도하기 위해 육주陸州의 용흥사龍興寺란 절에
서 짚신을 삼아 가지고 방방곡곡을 돌아다니며 나그네들에게
무료로 나누어 주었다.

하루는 어떤 스님을 만나서 화두話頭를 던졌더니 그 스님이
"에잇!" 하고 큰소리를 내지르는 것이었다. 진존자는 '내가 뭘
잘못하여 야단맞나?' 싶어 그 스님을 바라보았다. 그러자 스님
은 또다시 "에잇!" 하는 것이었다. 그런데 그의 호흡이 깊은 것
으로 보아 제법 도가 높아 보였다.

그래서 몇 마디 더 질문을 하니 어쩐지 수상쩍어 보였다.

'이 스님은 얼른 보기에는 그럴듯한데 깊이 도를 깨우치지는 못한 것이 분명하다. 마치 용의 머리에 뱀 꼬리와 같군(似則似 是則 未是 只恐龍頭蛇尾).'

그래서 진존자가 물었다.

"스님은 에잇! 에잇! 하고 깊은숨을 내쉬어 위세는 좋은데 마무리는 어떻게 하실 셈입니까?"

그러자 그는 뱀꼬리처럼 답변을 흐지부지 피하고 말았다.

'용두사미龍頭蛇尾'라는 말은 시작은 거창하지만 마무리는 흐지부지한 것을 뜻한다.

유비무환 有備無患

있을**유** 갖출**비** 없을**무** 근심**환**

사건이나 병마가 생기기 전에 미리 준비해 두면 걱정이 없다는 말이다.

《춘추좌씨전春秋左氏傳》

진晉나라의 왕 도공悼公의 곁에는 사마위강司馬魏絳이라는 유능한 신하가 있었다. 그는 왕에게 글을 올릴 때면 항상 이런 글귀를 곁들였다.

'편안하게 지낼 때에는 항상 위태로움을 생각해야 하고, 위태로움을 생각하게 되면 항상 준비가 있어야 하며, 충분한 준비가 되어 있으면 근심과 재난이 없을 것입니다(居安思危 思則有備 有備則無患).'

위강의 말을 깊이 새겨들은 도공은 뒷날 천하를 쥐고 흔드는 패업覇業을 이룩하였다.

이심전심 以心傳心
써**이** 마음**심** 전할**전** 마음**심**

마음으로써 마음을 전한다. 즉 어떤 뜻을 말이나 글을 사용하지 않고 마음으로 전하는 것을 말한다.

《전등록傳燈錄》

인도의 28대 선법사禪法師 달마達磨는 중국으로 가서 선종禪宗의 제1대 조사祖師가 되었다. 그로부터 중국엔 많은 조사들이 배출되어 혜능惠能에 이르기까지 법맥法脈이 이어져 오면서 마음에서 마음으로 전하는 수행법이 이루어졌다.

이 성어의 유래는 석가모니 생존 당시로 거슬러 올라간다.

석가모니가 영산靈山에 제자들을 모아 놓고 설법을 하면서 연꽃 한 송이를 들어 보였다. 제자들은 그 뜻을 전혀 이해하지 못했다. 그래서 모두들 아무 말 없이 잠자코 있는데 그중 가섭迦葉만이 그 뜻을 깨닫고 미소를 지어 보였다.

이것이 바로 이심전심以心傳心이며, 다른 말로 '염화미소拈華微笑'라고도 한다.

석가모니는 다양한 방법으로 가르침을 전수했는데 '삼처전심三處傳心'이 그것이다. 이를 간단히 소개한다.

석가모니가 영산의 법회에서 꽃을 들어 올리자 가섭이 그의 뜻을 알고 미소를 지었다(靈山會相 擧拈花).

다자탑 앞에서 설법을 할 때는 가섭이 올 것을 알고 자리를 미리 비워 주었다(多子塔前 分半座).

쌍림에서 열반에 들었을 때는 가섭이 오자 발을 관 밖으로 내밀어 마음을 전했다(沙羅雙樹 示雙趺).

이 모두가 이심전심의 다른 표현이다.

석가모니는 염화미소拈華微笑 · 정법안장正法眼藏 · 열반묘심涅槃妙心 · 실상무상實相無相 · 미묘법문微妙法門 · 불립문자不立文字 · 교외별전敎外別傳으로 불교의 진리를 가섭에게 전수했다.

오늘날엔 보이지 않는 가운데 서로의 마음이 통할 때 쓰는 용어로 굳어졌다.

일각천금 一刻千金

하나**일** 새길**각** 일천**천** 쇠**금**

짧은 시간도 천금이다. 즉 시간은 천금의 가치가 될 만큼 귀한 것이니 낭비하지 말라는 뜻이다.

소동파蘇東坡의 시 〈춘야행春夜行〉

송宋나라 소동파蘇東坡의 시 〈춘야행春夜行〉의 전문이다.

봄날 달밤의 한때는 천금의 값어치가 있네.

(春宵一刻値千金 춘소일각치천금)

꽃에는 맑은 향기가 있고 달은 희미하게 흐린데

(花有淸香月有陰 화유청향월유음)

노래 부르고 피리 불던 누대도 소리 없이 적적하네.

(歌管樓臺聲寂寂 가관루대성적적)

그네가 걸려 있는 안뜰은 밤이 깊어 가누나.

(鞦韆院落夜沈沈 추천원락야침침)

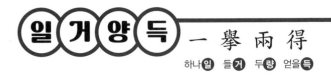

일거양득 一擧兩得

하나**일** 들**거** 두**량** 얻을**득**

한 번 움직여 두 개를 얻다. 즉 꿩 먹고 알 먹기, 일석이조一石二鳥와 같은
뜻이다.

《춘추후어春秋後語》,《전국책戰國策 · 초책楚策》

춘추 시대 노魯나라에 변장자辯莊子라는 사람이 있었다. 그는
용맹스럽기도 하지만 담력이 세기로 소문나 있었다.

어느 날, 인근의 산에 호랑이가 나타났다는 말을 듣고 포획하
러 가려고 했다. 그때 아들이 서두를 것 없다면서 말렸다.

"지금 호랑이 두 마리가 서로 소를 잡아먹기 위해 싸우고 있
습니다. 기다리면 약한 놈은 죽을 것이고, 이긴 놈도 기진맥진
해 있을 겁니다. 그때 놈을 잡으면 한 번에 두 마리를 다 잡게
되니 그야말로 '일거양득一擧兩得'이지요."

변장자는 아들의 말대로 잠시 기다렸다가 큰 힘을 들이지 않
고 호랑이 두 마리를 한꺼번에 잡았다.

《초책楚策》에는 다음과 같은 말이 있다.

한韓나라와 위魏나라가 1년 이상 싸우고 있었다. 진秦나라 혜왕惠王이 어느 한 쪽을 돕고자 하니 진진陳軫이란 신하가 말했다.

"폐하께서는 구태여 어느 한쪽을 돕지 마시고 방관하고 있다가 양쪽의 힘이 다 빠진 다음에 공격하여 두 나라를 한꺼번에 평정하시면 됩니다."

과연 혜왕은 진진의 말대로 두 나라가 싸우다가 지치기를 기다려 두 나라를 쉽게 진나라의 소유로 만들었다.

일전쌍조一箭雙鳥, 즉 한 개의 화살로 두 마리의 새를 잡는다는 말이다. '일거양득'과 같은 뜻으로 서양 속담에도 'Kill two birds with one stone'라는 말이 있다.

일망타진 一網打盡

하나**일** 그물**망** 칠**타** 다할**진**

> 그물을 한 번 쳐서 물고기를 모두 잡다. 즉 어떤 무리를 한꺼번에 모조리 잡아 버리거나 일시에 세력을 꺾어 버리는 것을 말한다.
>
> 《송사宋史 · 인종기仁宗紀》,《동헌필록東軒筆錄》

두연杜衍은 송宋나라 인종仁宗 때 재상으로 평소 청렴하고 강직하기로 정평이 나 있었다. 그런데 그의 사위인 소순흠蘇舜欽이 공금을 남용하여 사치스러운 생활을 한 사실이 밝혀졌다.

그러자 평소 두연의 강직한 태도를 못마땅하게 여기고 있던 어사 왕공진王拱辰이 소순흠 등을 옥에 가두고 엄중하게 조사하여 관련자들을 모조리 잡아들였다. 그러고는 "나는 한 그물로 모두 제거했다(一網打盡)."며 의기양양해 하였다.

이로 인하여 두연은 70일 만에 재상직에서 물러나야 했다.

이처럼 '일망타진一網打盡'은 죄인들을 일시에 소탕할 때 이르는 말이다.

전전긍긍 戰戰兢兢
떨**전** 떨**전** 떨**긍** 떨**긍**

전전은 겁을 먹고 벌벌 떠는 모양이고, 긍긍은 몸을 삼가하는 것을 말한다. 걱정거리나 위기감으로 마음을 졸이고 안절부절못하는 태도를 말한다.

《시경詩經・소아편小雅篇》

《시경詩經》은 오경五經 중 하나로, 공자孔子가 주周나라에서 춘추시대까지의 시 311편을 편찬한 것이라 한다. 《시경》〈소아편小雅篇〉의 '소민小旻'이라는 시 마지막 연에 다음과 같은 구절이 있다.

맨손으로 호랑이를 잡을 수 없고, (不敢暴虎 불감포호)

걸어서는 황하를 건널 수 없네. (不敢馬河 불감빙하)

사람들이 그 한 가지는 알고 있으나 (人知其一 인지기일)

다른 건 아무것도 모르고 있네. (莫知其他 막지기타)

생각하면 언제나 벌벌 떨면서 (戰戰兢兢 전전긍긍)

마치 깊은 못가에 임하는 심정 (如臨深淵 여림심연)

엷디엷은 살얼음 위를 걷는 듯하네. (如履薄氷 여리박빙)

이 시는 서주西周 말엽에 주공단周公旦의 고법古法을 무시하고 정치를 하는 군주를 신하가 한탄한 데서 나왔다.

《논어論語》에 증자曾子가 임종할 때 제자들을 모아 놓고 다음과 같이 말하는 대목이 있다.

"나의 발과 손을 펴 보아라. 《시경》에 이르기를 전전긍긍하는 것은 마치 깊은 연못가에 있는 듯, 살얼음을 걷는 듯하다고 했다. 그러나 지금에서야 나는 마음이 놓이는구나."

증자는 사람은 몸을 훼손하지 않는 것이 효의 근본이라고 생각하고 언제나 조심했다. 이 말은 그가 죽음에 임해 그 굴레를 벗어나게 되자 안도하면서 토로한 말이다.

朝三暮四

아침 **조** 석 **삼** 저물 **모** 넉 **사**

아침에 세 개, 저녁에 네 개, 즉 이랬다저랬다 변덕이 심한 것을 꼬집는 말이다. 눈앞의 이익만 알고 그 결과를 모를 때나 잔꾀로 남을 속이거나 희롱할 때 쓴다.

《장자莊子·제물론편齊物論篇》

송宋나라의 저공狙公이라는 사람이 원숭이를 기르고 있었다. 그는 원숭이들을 오래 기르다 보니 그들의 습성을 잘 알고 있었다.

어느 날, 저공이 원숭이들에게 이렇게 말했다.

"너희들에게 양식으로 밤을 주려고 하는데 아침에 3개 주고 저녁에 4개 주면 어떻겠느냐(朝三暮四)?"

그러자 원숭이들이 난리를 치며 화를 내었으므로 저공이 다시 제안했다.

"그럼 아침에 4개 주고, 저녁에 3개 주면 어떻겠느냐(朝四暮三)?"

그러자 원숭이들은 뛸 듯이 좋아했다. 결국 같은 수량인데 소견이 좁고 눈앞의 이익만 추구하는 원숭이들은 아침에 한 알 더 주는 것을 무슨 큰 이득이나 보는 것처럼 생각했던 것이다.

영리한 사람이 어리석은 사람을 농락하는 것도 저공이 원숭이들을 농락하는 것과 같다고 할 수 있다. 이로부터 '조삼모사朝三暮四'란 표현이 생겼다.

竹馬故友

대나무 죽 말 마 옛 고 벗 우

어릴 때 대나무로 만든 말을 타며 함께 놀던 친구라는 뜻으로 어릴 때 부터 같이 자란 친한 친구를 말한다.

《진서晉書 · 은호전殷浩傳》

진晉나라의 황제 간문제簡文帝 때, 환온桓溫이 촉蜀을 평정하고 돌아오자 그 기세가 대단했다. 황제는 그를 견제하기 위해 환온의 어릴 때 친구 은호殷浩를 건무장군으로 임명했다. 그러자 두 사람은 정적이 되어 서로를 경계했다. 왕희지王羲之가 화해시키려고 했으나 은호가 응하지 않았다. 환온은 사람들에게 이렇게 말했다.

"나는 어릴 때(故友) 은호와 함께 죽마竹馬를 타고 놀았는데, 내가 죽마를 버리면 언제나 은호가 그것을 가졌다. 그러니 그가 내게 머리를 숙이는 것이 당연하지 않은가!"

그 무렵 호족 사이에 내분이 일어나자 은호는 중원을 확보하고자 출병했으나 도중에 낙마하여 대패하고 말았다. 환온은 즉

각 규탄하는 상소를 올려 그를 귀양 보냈다. 그리고 결국 은호
는 유배지에서 죽고 말았다.

중과부적 衆寡不敵
무리 **중** 적을 **과** 아닐 **불** 원수 **적**

적은 숫자로 많은 수를 대적할 수 없다. 즉 차이가 워낙 커서 싸움의 상대가 되지 못한다는 말이다.

《맹자孟子 · 양혜왕장구梁惠王章句》

제齊나라의 선왕宣王이 천하의 패권을 장악하고자 열을 올리니 맹자가 다음과 같은 비유로 그 무모함을 충고했다.

"작은 나라는 큰 나라를 이길 수 없고, 소수는 다수를 대적하지 못합니다(衆寡不敵). 약자는 강자에게 패하기 마련입니다. 지금 제나라는 9개의 강국 중 하나이긴 하지만 그 모든 나라를 굴복시킬 수는 없습니다. 그러하니 오직 왕도王道로써 백성들로 하여금 굴복하게 해야만 천하가 자연스럽게 굴복해 올 것입니다."

맹자의 이 고사에서 '중과부적衆寡不敵'이란 말이 유래되었다.

중구난방 衆口難防

무리 **중** 입 **구** 어려울 **난** 막을 **방**

> 뭇사람들의 입을 막기는 어렵다. 즉 여러 사람의 각기 다른 주장을 한꺼번에 막기가 어렵다는 뜻.
>
> 《십팔사략十八史略》

주周나라 여왕王이 언론을 탄압하자 소공召公이 충고했다.

"백성들의 입을 막는 것은 시냇물을 막는 것보다 어렵습니다. 만약 시냇물이 막혔다가 터지면 많은 사람들이 다칩니다. 물을 다스리는 사람은 물이 잘 흐르도록 해야 하고, 백성을 다스리는 사람은 그들이 생각하는 바를 말로 표현할 수 있게 해주어야 합니다."

춘추 시대 송宋나라의 사마화원司馬華元이 성을 쌓는 일의 감독을 맡게 되었다. 그러자 성을 쌓는 사람들이 그가 과거 적국의 포로가 되었다가 돌아온 사실을 알고 비아냥거렸다. 이에 그는 '무릇 사람들의 입은 막기가 어렵구나.' 하며 탄식하고 숨어버렸다.

知彼知己
알**지** 저**피** 알**지** 나**기**
百戰不殆
일백**백** 싸울**전** 아닐**불** 위태로울**태**

상대를 알고 나를 알면 백 번 싸워도 위태롭지 않다. 즉 상대방의 약점과 강점을 알면 싸워 이길 수 있다는 말이다.

《손자병법孫子兵法》

춘추전국 시대의 전략가 손무孫武는 자신의 경험을 바탕으로 《손자孫子》라는 병법에 관한 책을 썼다. 다른 이름으로《손자병법孫子兵法》이라고도 한다. 그 책에 다음과 같은 글이 있다.

'상대방의 상태를 알고 나를 알면 백 번을 싸워도 위태롭지 않다(知彼知己百戰不殆). 그러니 적군의 상황을 모른 채 아군의 실정만 알고 싸운다면 승률은 반반이다. 또 적의 상황도 모르고 아군의 실정도 모른다면 백발백중 패배할 것이다.'

《손자》는 전국 시대 초楚나라 오자吳子의《오기吳起》와 더불어 병법의 시조라 불린다.

오늘날엔 '지피지기 백전백승知彼知己 百戰百勝'이란 말로도 쓰인다.

千里眼

일천**천** 마을**리** 눈**안**

천리를 내다볼 수 있는 눈. 눈으로 보지 않고도 세상사를 꿰뚫어 보거나 먼 곳의 일을 훤히 알고 있다는 뜻이다.

《위서魏書·양일전楊逸傳》

북위北魏의 장제莊帝 때 양일楊逸은 약관의 나이에 벼슬을 했다. 양일이 광주자사光州刺史로 있을 때 정치를 매우 잘해서 주민들로부터 칭찬이 자자했다.

사람들은 그를 보고 말했다.

"양일 자사님은 천리 밖에서도 세상 돌아가는 것을 훤히 꿰뚫고 있어서 절대 부정을 저지르지 않는다(楊使君 有千里眼 那可欺之)."

그러나 그런 성격이 도리어 해가 되었다. 그를 시기하는 이주爾朱 일문에 의해 서른두 살 나이에 그만 살해되고 말았다. 사람들은 그의 공정한 정치를 애도하며 슬퍼했다.

'천리안千里眼'은 '혜안慧眼'과 비슷한 뜻으로 쓰인다.

천의무봉 天衣無縫

하늘 천 옷 의 없을 무 꿰맬 봉

선녀의 옷에는 바느질 자국이 없다. 어떤 일이나 글이 꾸밈없이 자연
스럽고 완벽할 때 쓰는 말이다.

《태평광기太平廣記》,《영괴록靈怪錄》

한여름 곽한郭翰이란 사람이 더위를 식히려고 뜨락에서 낮잠
을 자고 있었다. 그런데 하늘에서 무언가 훨훨 내려오고 있었
다. 자세히 보니 그것은 아름다운 여자였다. 곽한이 넋을 잃고
물었다.

"누구이십니까?"

"저는 하늘에서 내려온 직녀織女입니다."

곽한이 다가가 직녀의 옷을 보니 바느질 자국이 없었다. 옷을
만들려면 가위질과 바느질을 하기 때문에 티가 나기 마련이었
다. 곽한이 이상해서 그 까닭을 묻자 직녀가 대답했다.

"저희들이 입는 옷은 '천의天衣'라서 원래 바늘이나 실로 꿰맬
필요가 없습니다(天衣本非線爲也)."

鐵 面 皮

쇠**철** 낯**면** 가죽**피**

철판으로 된 얼굴. 즉 부끄러움이 없고 뻔뻔스러운 사람 또는 파렴치하고 후안무치한 사람을 일컫는다.

《북몽쇄언北夢瑣言》

송宋나라의 왕광원王光遠이란 사람은 출세를 위해서라면 어떤 아첨도 마다하지 않기로 유명했다. 그는 상관의 요구라면 신발 바닥도 핥을 위인이었다.

한 관리가 술에 취해서 그에게 "자네를 때리고 싶다."라고 말했다. 그러자 광원은 선뜻 몸을 내밀어 매를 맞았다. 친구가 "자네는 그런 모욕이 분하지 않은가?" 하고 묻자 그는 "윗사람에게 잘 보이는 일이라면 무슨 일이라도 할 수 있네." 하고 대답했다. 그러자 사람들은 "왕광원의 낯가죽은 철갑처럼 두껍다."라고 야유했다.

맑게 갠 하늘에 난데없는 벼락이라는 말로, 예기치 못한 사고 또는 뜻 밖의 재난을 비유하는 말이다.

육유陸游의 시 〈구월사일계미명기작九月四日鷄未冥起作〉

남송南宋의 시인詩人 육유陸遊의 호는 방옹放翁이다. 이 호는 육유 스스로 붙인 것으로, 그는 자신의 필치를 가리켜 "맑게 갠 하늘에 벽력을 날리는 듯한다."라고 자찬했다.

그는 몸이 아파서 한동안 앓다가 병상에서 일어나자 흥이 나서 글을 썼다.

방옹이 병이 들어 가을을 보내다가

(放翁病過秋 방옹병과추)

홀연히 일어나 취한 듯 붓을 옮긴다.

(忽起作醉墨 홀기작취묵)

참으로 오랜 세월 웅크린 용과 같아

(正如久蟄龍 정여구칩룡)

맑게 갠 하늘에 벼락이 치는 듯.

(青天飛霹靂 청천비벽력)

이 말은 세상을 놀라게 한다는 '경천동지驚天動地'와 같은 뜻으로 쓰인다.

이 시에서 '청천벽력青天霹靂'은 육유 자신의 힘찬 붓놀림을 가리키는 것이다.

홍일점 紅一點

붉을**홍** 하나**일** 점**점**

> 유일하게 핀 한 송이의 붉은 꽃이라는 말로, 남자들 사이에 있는 단 한
> 사람의 여성을 말한다.
>
> 왕안석王安石의 시 〈영석류시詠石榴詩〉

왕안석王安石은 북송北宋 시대의 유명한 문필가이자 재상이다.
시문에 능하여 당송팔대가唐宋八大家 중 한 사람으로 꼽혔는데 그
가 지은 〈영석류시詠石榴詩〉에 다음과 같은 구절이 있다.

모두가 푸른빛 일색인 가운데에 하나의 붉은빛이 있도다.

(萬綠叢中紅一點 만록총중홍일점)

사람들의 마음에 봄의 정취를 일으키는 데는 그것이 많을 필요

는 없으리라.

(動人春色不須多 동인춘색불수다)

그는 재상에 임명되자 붓글씨로 유명한 구양수歐陽修, 소식蘇軾

등을 앞세워 부국강병책을 채택했다.

'홍일점紅—點'은 봄날 초록빛이 가득한 가운데 홀로 붉게 핀 한 송이 석류꽃의 아름다움을 찬탄한 것이다.

후생가외 後生可畏
뒤 **후** 날 **생** 옳을 **가** 두려울 **외**

> 뒤에 오는 사람들을 두려워할 만하다. 즉 젊은 후배들이 선인의 가르침을 배워 훌륭한 인재가 된다는 말이다.
>
> 《논어論語 · 자한편子罕篇》

《논어論語》에서 공자는 다음과 같이 말했다.

"뒤에 태어난 사람이 가히 두렵다(後生可畏). 장차 올 사람들이 어찌 지금보다 못하다 하겠는가. 나이 사오십이 되었는데 이렇다 할 이름이 알려져 있지 않은 사람은 두려워할 것이 못된다."

《세설신어世說新語》에도 '후생을 두려워할 만하니(後生可畏) 이 사람이라면 가히 사람과 사람 사이의 관계를 논할 만하다.'고 하였다. 후생은 청년을 가리키는 말이고, 가외는 두렵다는 말이다. 즉 젊은이들은 장래가 있어 발전 가능성이 무한함을 말한 것이다.

현재 있는 사람보다 앞으로 성장할 젊은이들의 재능이 무궁무진함을 가리켜 '후생가외後生可畏'라 한다.

3.

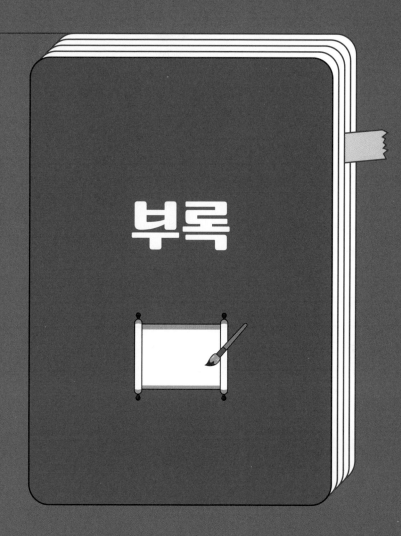

부록

1) 본문에 없는 고사성어

||||||||||||||||||||||||||||||||||||||||||||||||ㄱ||||||||||||||||||||||||||||||||||||||||||||||||

가담항설[街談巷設] 항간에 떠도는 근거없는 소문.

가렴주구[苛斂誅求] 세금을 무리하게 거두고 재물을 빼앗는 등 가혹한 정치를 두고 하는 말.

가인박명[佳人薄命] 미인은 생명이 짧다는 뜻.

가정맹어호[苛政猛於虎] 가혹한 정치는 호랑이보다 무섭다는 말.

가화만사성[家和萬事成] 집안이 화목하면 모든 일이 잘됨을 말함.

각골난망[刻骨難忘] 타인의 은혜가 뼈에까지 사무쳐 잊지 못함.

갈이천정[渴而穿井] 목이 말라야 비로소 샘을 판다는 뜻. 미리 준비를 하고 있지 않다가 일이 생긴 후에야 비로소 서둘러 봐야 아무 소용이 없다는 것.

감언이설[甘言利說] 달콤한 말과 이로운 말이란 뜻으로, 여러 가지 이로운 조건으로 남을 꾀는 것.

개세지재[蓋世之才] 세상을 놀라게 할 만큼 뛰어난 재주.

거두절미[去頭截尾] 앞뒤의 잔말을 빼고 본론으로 들어가겠다는 말.

거안사위[居安思危] 편안하게 살면서도 늘 위험할 때를 생각함.

걸견폐요[桀犬吠堯] 폭군이었던 걸桀왕이 기른 개는 덕이 많았던 요堯임금을 보아도 마구 짖는다는 뜻으로 우직하여 충성을 다하지만 무엇이 옳고 그른지 모른다는 말.

격물치지[格物致知] 《대학大學》에 나온 말로 사물의 이치를 알아 궁극적인 지식을 체득하는 것을 말함.

건곤일색[乾坤一色] 천지가 온통 같은 빛깔임.

격세지감[隔世之感] 시대가 크게 변하여 딴 세상 같이 낯설은 느낌이 들 때 쓰는 말. 세대 간의 차이에서 오는 감회를 표현할 때 쓰임.

격화소양[隔靴搔痒] 신을 신은 채 발바닥을 긁음. 일에 만족할 만한 효과를 보지 못했을 때를 말함.

견강부회[牽强附會] 말을 억지로 끌어다가 이치에 맞도록 함.

견마지로[犬馬之勞] 나라에 충성을 다할 때, 신하가 자신의 노력을 겸손히 낮추어 쓰는 말.

견문발검[見蚊拔劍] 모기를 보고 칼을 빼어 든다는 뜻으로, 사소한 일에 발끈 성을 내는 소견 좁은 사람을 비유하는 말.

견물생심[見物生心] 물건을 보면 욕심이 생기기 마련이라는 뜻.

견원지간[犬猿之間] 개와 원숭이처럼 사이가 나쁜 관계를 뜻함.

견위수명[見危授命] 나라가 위태로움을 당하여 자기 목숨을 나라에 바침.

견인불발[堅忍不拔] 굳게 참아서 마음을 뺏기지 않음.

견토지쟁[犬兎之爭] 개와 토끼가 서로 다투다가 둘 다 지쳐 죽자 농부가 주워 갔다는 고사故事에서 나온 말. 어부지리漁父之利와 같은 뜻.

결자해지[結者解之] 묶은 사람이 푼다는 뜻으로, 처음에 일을 시작한 사람이 그 일을 끝맺게 된다는 말.

경거망동[輕擧妄動] 경솔하고 분수없이 행동함.

경산조수[耕山釣水] 산에서 밭을 갈고 물에서 고기를 낚음. 즉 속세를 떠난 마음을 일컬음.

경세제민[經世濟民] 세상을 다스리고 백성의 고생을 살펴 구제함.

경천동지[驚天動地] 세상을 몹시 놀라게 하거나 기적 같은 일이 일어났을 때 하는 말.

계구우후[鷄口牛後] 닭의 부리와 소의 꼬리란 뜻으로 큰 집단의 말석보다는 작은 집단의 우두머리가 낫다는 것을 비유함.

계란유골[鷄卵有骨] 달걀에도 뼈가 있다는 것으로 운수 나쁜 사람은 하는 일마다 걸리는 게 많음을 비유.

고군분투[孤軍奮鬪] 홀로 여러 사람과 싸우며 애쓰는 모습을 말함.

고대광실[高臺廣室] 굉장히 크고 좋은 집을 말함.

고량진미[膏粱珍味] 살진 고기와 좋은 곡식으로 만든 맛있는 음식을 말함.

고립무원[孤立無援] 고립되어 구원받을 데가 없다는 뜻.

고식지계[姑息之計] 일시적으로 변통하는 꾀로, 일시적으로 편안하고자 생각해 낸 계책.

고장난명[孤掌難鳴] 손바닥 하나로는 소리를 내지 못한다는 뜻으로, 혼자서는 일을 할 수 없음을 뜻함.

고진감래[苦盡甘來] 고생 끝에 낙이 온다는 말.

골육상잔[骨肉相殘] 가까운 친척끼리 해치고 죽이고 하는 것을 말함.

공수래공수거[空手來空手去] 빈손으로 왔다 빈손으로 간다는 뜻으로 인생에 있어 재물에 대한 욕심을 경고한 말.

공산명월[空山明月] 사람 없는 빈산에 밝은 달을 묘사한 말.

공평무사[公平無私] 공평하여 사사로움이 없음을 말함.

공휴일궤[功虧一簣] 한 삼태기의 흙이 모자라 산을 쌓지 못했다는 뜻으로 힘들게 벌인 일이 한 가지가 모자라 마지막에 수포로 돌아갔다는 말.

교외별전[敎外別傳] 불교에서 법을 전할 때, 경전이나 말이 아닌 마음으로 법을 전한다는 말.

교토삼굴[狡兔三窟] 영리한 토끼는 굴을 세 개나 가지고 있어, 만약의 경우라도 살아남을 수 있다는 뜻.

과유불급[過猶不及] 정도가 지나치면 모자란 것보다 못하다는 뜻.

구곡간장[九曲肝腸] 굽이굽이 서린 창자란 표현으로 마음속이 몹시 애탈 때 쓰는 말.

구미속초[狗尾續貂] 개 꼬리로 담비 꼬리를 대신 잇는다는 말로 처음엔 좋게 시작했으나 나중엔 되는대로 끝맺음을 말함.

구사일생[九死一生] 간신히 살아남았을 때 쓰는 말.

구절양장[九折羊腸] 길이 매우 꼬불꼬불하고 험한 것.

구중궁궐[九重宮闕] 문이 겹겹이 달린 대궐을 나타내는 말.

구화지문[口禍之門] 입은 재앙을 불러들이는 기초이므로 입조심하라는 말.

국사무쌍[國士無雙] 나라에 견줄 만한 사람이 없을 정도로 매우 뛰어난 인물을 뜻함.

군사부일체[君師父一體] 임금, 스승, 아버지의 은혜는 같다는 말.

궁여지책[窮餘之策] 생각다 못해 짜낸 계책.

권선징악[勸善懲惡] 착한 일을 권장하고 악한 일을 징계함.

극기복례[克己復禮] 개인의 욕망을 극복하고 예의를 지킴.

근묵자흑[近墨者黑] 먹을 가까이하면 검어짐. 곧 나쁜 사람과 어울리면 좋지 못한 행실에 물든다는 말.

금과옥조[金科玉條] 금과 옥과 같이 몹시 귀중한 법률이나 규정을 말한다.

금란지교[金蘭之交] 벗 사이의 깊은 우정을 말한다. 단단하기가 황금 같고 아름답기가 난초 향기와 같은 사귐.

금성탕지[金城湯池] 끓어오르는 연못으로 둘러싸인 성이란 뜻으로 방비가 아주 철저할 때 쓰는 말.

금의환향[錦衣還鄉] 비단옷을 입고 고향에 돌아옴. 즉 타향에서 성공하여 고향으로 돌아오는 것을 말한다.

금지옥엽[金枝玉葉] 왕의 자손 또는 귀한 집안의 자손을 말한다.

기사회생[起死回生] 죽을 뻔하다가 살아남음을 말함.

||||||||||||||||||||||||||||||||||||||||||||||||ㄴ||||||||||||||||||||||||||||||||||||||||||||||||||||

남귤북지[南橘北枳] 강남의 귤을 강북에 옮겨 심으면 탱자나무로 변한다
는 뜻으로 사람은 환경에 따라 악하게도 되고 선하게도 된다는 뜻.

낙락장송[落落長松] 가지가 축축 늘어진 키가 큰 소나무.

낙화유수[落花流水] 떨어지는 꽃과 흐르는 물이란 표현으로 저물어 가는
봄날의 정경 혹은 남녀 간의 사모하는 정을 말함.

난공불락[難攻不落] 공격하기가 힘들어 좀처럼 함락되지 않는 것을 말함.

남부여대[男負女戴] 남자는 등에 지고, 여자는 머리에 인다는 뜻으로, 가
난한 사람들이 떠돌아다니는 모양을 말한다.

남전북답[南田北畓] 남쪽엔 밭, 북쪽엔 논이란 뜻으로 논밭이 여기저기
흩어져 있는 모습.

내우외환[內憂外患] 나라 안팎의 여러 가지 근심 걱정을 말함.

내유외강[內柔外剛] 겉은 강하나 속은 약하고 부드러운 사람의 성품을
말함.

노류장화[路柳墻花] 길가의 버들이나 담장의 꽃처럼 아무나 꺾어 가질 수
있는 것으로 기생이나 창부를 가리킴.

노승발검[怒蠅拔劍] 모기 보고 칼 빼기. 즉 작은 일로 발끈 성을 냄을 비
유한 말.

노심초사[勞心焦思] 애쓰면서 속을 태움.

노어해시[魯魚亥豕] 글자를 구분 못 하고 혼동한다는 말.

녹수청산[綠水靑山] 푸른 물과 푸른 산. 아름다운 자연 경관을 뜻함.

녹음방초[綠陰芳草] 푸르게 우거진 나무 그늘과 향기로운 풀이란 뜻으로 여름철의 자연 경관을 표현하는 말.

녹의홍상[綠衣紅裳] 연두저고리에 다홍치마. 곧 젊은 여자의 곱게 치장한 모습을 말함.

논공행상[論功行賞] 공적의 유무와 대소를 의논해 각각 알맞은 상을 내리는 것을 뜻함.

농와지경[弄瓦之慶] 딸을 낳은 기쁨을 말한다.

농장지경[弄璋之慶] 아들을 낳은 기쁨을 말한다.

능지처참[陵遲處斬] 머리, 몸통, 팔, 다리를 토막 내 죽이던 옛 극형의 한 가지.

||||||||||||||||||||||||||||||||||||||||||| ㄷ ||||||||||||||||||||||||||||||||||||||||||||

단금지교[斷金之交] 친구 사이의 깊은 우정을 말한다.

단도직입[單刀直入] 한 칼로 거침없이 쳐들어감. 즉, 군말을 빼고 바로 본론으로 들어가는 것을 말한다.

단사표음[簞食瓢飮] 도시락과 표주박 물이라는 뜻으로, 청빈한 생활에 만족하는 것을 뜻한다.

단순호치[丹脣皓齒] 붉은 입술과 흰 치아라는 뜻으로, 미인을 나타낼 때 쓰는 말.

단표누항[簞瓢陋巷] 한 표주박의 도시락과 누추한 거리란 뜻으로 소박한 시골 살림 혹은 선비의 청빈한 생활을 뜻함.

대경실색[大驚失色] 크게 놀라 얼굴빛이 변할 때를 말함.

대동소이[大同小異] 조금씩 차이는 있으나 대개 비슷하거나 같다는 뜻임.

대우탄금[對牛彈琴] 소를 앞에 두고 가야금을 연주한다는 뜻으로, 어리석은 사람에게 도리를 설명하나 깨닫지 못하는 것을 비유한 말이다.

대의멸친[大義滅親] 큰 도리를 지키기 위해 부모 형제를 돌보지 않음.

대의명분[大義名分] 마땅히 지켜야 할 도리 혹은 어떤 일을 꾀하는 데 있어서의 구실을 뜻함.

독서망양[讀書亡羊] 독서에 정신이 쏠려 기르는 양을 잃었다는 뜻으로 마음이 딴 데 쏠려 길을 잃는 것을 비유한 것.

독서삼매[讀書三昧] 책 읽기에 골몰한 모습을 두고 말함.

독수공방[獨守空房] 여자가 남편 없이 혼자 지냄을 말함. 독숙공방獨宿空房이라고도 함.

동가식서가숙[東家食西家宿] 먹을 곳 잘 곳이 일정하게 정해지지 않아 이리저리 떠돌아다니며 생활하는 것을 말함.

동가홍상[同價紅裳] 같은 값이면 다홍치마. 이왕 같은 조건이라면 좀 낫고 편리한 것을 택함.

동량지재[棟梁之材] 한 나라, 한 집안의 기둥이 될 만한 큰 인물

동문수학[同門修學] 한 스승 밑에서 같이 배웠음을 뜻함.

동문서답[東問西答] 엉뚱하게 대답함을 말함.

동분서주[東奔西走] 이리저리 바쁘게 돌아다님을 말함.

동상이몽[同床異夢] 같은 침상에 누워 다른 꿈을 꾼다는 뜻으로, 부부가 서로 딴 생각을 품고 있는 것을 말한다.

두문불출[杜門不出] 집에 틀어박혀 밖에 나가지 않음.

득어망전[得魚忘筌] 고기를 잡았으면 통발을 잊어버린다는 것으로, 목적이 달성되면 수단은 잊어버린다는 뜻.

등고자비[登高自卑] 높은 데 오르려면 얕은 곳에서부터 올라가야만 하듯 무슨 일이든지 순서를 밟아 일을 해야 한다는 말.

등하가친[燈下可親] 등잔불을 가까이하여 독서하기에 좋은 시기라는 뜻으로, 가을철이 책 읽기에 적당한 계절임을 말할 때 쓴다.

□

만경창파[萬頃蒼波] 한없이 넓고 푸른 바다나 호수의 물결을 나타낼 때 쓰는 말.

만사형통[萬事亨通] 모든 일이 뜻하는 대로 잘되어 감.

만사휴의[萬事休矣] 모든 일이 가망 없이 끝장났다는 뜻임.

만수무강[萬壽無疆] 아무 탈 없이 오래 살기를 바랄 때 쓰는 말.

만시지탄[晩時之歎] 기회를 놓쳐 안타까워함.

만신창이[滿身瘡痍] 온몸이 다쳐 흠집투성이가 되었을 때를 말함.

망양보뢰[亡羊補牢] 양을 잃고 양 우리를 보수함. 뒤늦게 잘못을 후회하고 고침.

망양지탄[亡羊之歎] 학문의 길이 여러 갈래라서 길을 잡기 어렵다는 것을 한탄한 말.

망운지정[望雲之情] 자식이 타향에서 고향의 부모를 그리는 정情.

맹귀우목[盲龜遇木] 눈먼 거북이 우연히 물에 뜬 나무를 만났다는 뜻으로 어려운 때 우연히 좋은 일을 당하게 됨을 이르는 말.

면장우피[面張牛皮] 뻔뻔스러움. 철면피. 소가죽을 얼굴에 둘러쓴 듯 통하지 않는다는 뜻.

면종복배[面從腹背] 눈앞에서는 복종하나, 뒤에서는 배반함.

명실상부[名實相符] 이름과 실상이 서로 부합함.

명약관화[明若觀火] 불빛을 보는 것처럼, 더할 나위 없이 분명한 것.

목불식정[目不識丁] 낫 놓고 기역 자도 모른다는 말. 글자를 모르는 무식한 사람을 비웃는 말.

목불인견[目不忍見] 차마 눈 뜨고 볼 수 없는 상황을 말함.

묘두현령[猫頭縣鈴] 고양이 목에 방울 달기. 실행할 수 없는 공론을 자청한다는 말.

무골호인[無骨好人] 뼈가 없는 듯이 사람이 무르고 순할 때 쓰는 말.

무인지경[無人之境] 사람이 눈에 띄지 않는 적막한 곳.

무위도식[無爲徒食] 아무 하는 일 없이 지내는 생활을 말함.

문방사우[文房四友] 종이, 붓, 먹, 벼루의 네 가지의 문방 용품.

문일지십[聞一知十] 한 가지를 들으면 열 가지를 미루어 안다는 뜻.

문전옥답[門前沃畓] 집 가까이 있는 기름진 논밭을 말함.

미사여구[美辭麗句] 아름다운 묘사로 좋게 꾸민 글귀를 뜻함.

미연방[美聯邦] 일이 잘못되기 전에 미리 예견하여 막는다는 뜻.

ㅂ

박장대소[拍掌大笑] 손뼉을 치며 크게 웃음.

반목질시[反目嫉視] 눈을 흘기면서 서로 미워함을 말함.

반신반의[半信半疑] 반쯤은 믿고 반쯤은 의심함.

배산임수[背山臨水] 땅의 형상이 뒤로는 산을 등지고 앞으로는 물을 면하고 있는 모습을 말함.

백골난망[白骨難忘] 죽어 해골이 되어도 은혜를 잊지 못한다는 뜻.

백년해로[百年偕老] 부부가 평생 동안 사이좋게 함께 늙어 가는 것을 말함.

백면서생[白面書生] 풋내기. 글만 읽고 세상일에 경험이 없는 사람.

백발백중[百發百中] 백 번 쏘아 백 번 맞힌다는 뜻으로 일이 계획대로 적중할 때 하는 말.

백전노장[百戰老將] 여러 차례 큰 싸움을 치른 늙은 장군. 즉, 세상일에 경험이 많아 당해 내지 못하는 일이 없는 사람. 경험이 많은 사람.

백절불굴[百折不屈] 실패를 거듭해도 뜻을 굽히지 않는 것을 말함.

백중지세[伯仲之勢] 우열을 가릴수 없을 정도로 두 세력이 막상막하임을 말함.

백척간두[百尺竿頭] 백자의 높은 장대 끝. 즉 몹시 높은 곳. 매우 위험한 처지를 말함.

병입고황[病入膏肓] 병이 중하여 고치기 어렵게 됨을 말함.

부득요령[不得要領] 요령을 못 잡음.

부전자전[父傳子傳] 그 아버지에 그 아들. 부자지간에 모습과 행동 등이 닮았을 때 하는 말.

부창부수[夫唱婦隨] 남편의 주장에 아내가 따라가는 것을 말하는 것으로 전통적인 부부 화합의 도를 일컫는 말.

부화뇌동[附和雷同] 줏대 없이 남이 하는 대로 무턱대고 같이 움직이는 것.

분골쇄신[粉骨碎身] 뼈가 가루가 되고 몸이 부서져라 열심히 노력함을 말함.

불가사의[不可思議] 사람의 생각으로 도저히 판단할 수 없는 이상야릇한 현상을 말함.

불가항력[不可抗力] 인간의 힘과 사회 통념으로 어찌할 수 없거나 도저히 예방할 수 없는 일을 말함.

불구대천지수[不俱戴天之讐] 같은 하늘 아래서 함께 살 수 없다는 뜻으로, 도저히 용서할 수 없는 원수.

불립문자[不立文字] 불교에서 법을 전할 때, 문자나 말이 아닌 마음과 마음으로 전함을 나타내는 말.

불세출[不世出] 좀처럼 세상에 나타나기 힘든 뛰어난 인물.

불철주야[不撤晝夜] 밤낮을 가리지 않음.

불치하문[不恥下問] 자기보다 못한 사람에게 묻는 것을 부끄럽게 여기지 않음.

비분강개[悲憤慷慨] 슬프고 분한 마음.

비몽사몽[非夢似夢] 꿈인지 생시인지 어렴풋한 상태.

비일비재[非一非再] 한두 번이 아니고 많음.

빙탄지간[氷炭之間] 얼음과 숯불은 서로 그 성질이 상반되어 조화를 이룰 수 없다는 데서 나온 말. 즉 서로 화합될 수 없음을 말함.

||||||||||||||||||||||||||||||||||||||||||ㅅ||||||||||||||||||||||||||||||||||||||||||

사고무친[四顧無親] 부모 형제 등이 없이 아무 의지할 곳 없는 상태.

사단칠정[四端七情] 사단四端은 유교의 덕목 중 인의예지仁義禮智를 말하고 칠정七情은 인간의 기본 본성을 지칭하는 것으로 희노애락애오욕喜怒哀樂愛惡欲의 일곱 감정을 말함.

사문난적[斯文亂賊] 유교의 성리학에서 교리에 어긋나는 행동을 하는 사람을 일컫는 말.

사분오열[四分五裂] 질서 없이 여러 갈래로 분열돼 있는 상태를 말함.

사상누각[沙上樓閣] 모래 위에 세운 누각이란 뜻으로 기초가 견고하지 못한 일을 일컫는 말.

사양지심[辭讓之心] 유교의 교리에서 사단四端 중 하나. 사양할 줄 아는 마음을 말함.

사자후[獅子吼] 뭇짐승이 사자의 울부짖는 소리에 떤다는 뜻으로 불교에서 일체를 엎드려 승부케 하는 부처님의 설법說法을 말함.

사통오달[四通五達] 길이 이리저리 사방으로 통함. 혹은 사람이 여러 가지 방면에 재주 있을 때 쓰는 말.

사필귀정[事必歸正] 무슨 일이든지 마지막에 가서는 올바른 길로 돌아가기 마련이라는 뜻.

산자수명[山紫水明] 산이 푸르고 물이 맑다는 말로 산천의 경치가 매우 아름답다는 뜻이다.

산전수전[山戰水戰] 세상살이의 온갖 경험을 다 했을 때를 비유한 말.

산해진미[山海珍味] 산과 바다에서 나오는 진귀한 산물로 잘 차린 좋은 음식을 말함.

삼라만상[森羅萬象] 세상 온갖 것의 일체.

삼성오신[三省吾身] 날마다 세 번씩 자신을 반성함.

삼인성호[三人成虎] 아무리 근거 없는 말이라도 여러 사람이 하면 곧이 듣게 된다는 뜻.

삼종지의[三從之義] 예전에 여자가 지켜야 했던 도리로 어려서는 아버지를 섬기고, 시집가서는 남편을, 남편이 죽은 후엔 아들을 섬겨야 한다는 뜻.

생면부지[生面不知] 서로 만나 본 적이 없는 도무지 모르는 사람.

생자필멸[生者必滅] 살아 있는 사람은 반드시 죽는다는 말.

선견지명[先見之明] 일을 미리 짐작하는 밝은 지혜.

설상가상[雪上加霜] 눈 위에 또 서리가 내린다는 뜻으로, 불행이 연속해서 닥침을 말함.

설왕설래[說往說來] 서로 변론하여 말로 옥신각신함.

섬섬옥수 [纖纖玉手] 가냘프고 고운 여자의 손을 말함.

성하지맹 [城下之盟] 성 밖에 나와 맹세를 한다는 뜻으로 굴욕적으로 조약을 맺는 것을 말함.

소문만복래 [笑門萬福來] 웃으면 만사의 복이 찾아온다는 말.

속수무책 [束手無策] 손을 묶여 어쩔 수 없다는 말로, 어떤 일을 당하여 그것을 처리할 방법을 생각해 낼 수 없음을 일컫는 말.

송구영신 [送舊迎新] 묵은해를 보내고 새해를 맞음.

수복강녕 [壽福康寧] 오래 살며 행복하며 건강하고 마음이 평안함.

수수방관 [袖手傍觀] 어떤 일을 당하여 관여하지 않고, 옆에서 보고만 있는 것.

수불석권 [手不釋卷] 손에서 책을 놓지 않고 늘 글을 읽음.

수신제가 [修身齊家] 유교의 덕목 중 하나. 몸과 마음을 닦은 후 집안을 다스림.

수오지심 [羞惡之心] 유교의 덕목인 사단四端 중의 하나. 자기의 잘못을 부끄러워할 줄 알고 남이 착하지 못함을 미워하는 마음.

시종일관 [始終一貫] 처음부터 끝까지 태도가 한결같음을 말함.

시시비비 [是是非非] 옳고 그른 것.

식자우환 [識字憂患] 글자를 아는 게 도리어 근심이 된다는 말.

신출귀몰 [神出鬼沒] 자유자재로 출몰하여 그 변화와 행동 반경을 헤아릴 수 없음.

심기일전 [心機一轉] 어떤 계기로 마음을 완전히 바꾸고 새롭게 시작함.

심산유곡 [深山幽谷] 깊은 산속의 으슥한 골짜기

십시일반 [十匙一飯] 열 사람이 한 술씩 떠 주는 밥이 한 사람의 한 끼가 된다는 뜻으로, 여러 사람이 힘을 합하여 한 사람을 돕는 것. 또는 여러 사람이 힘을 합하면 그 성과가 크다는 것.

아비규환 [阿鼻叫喚] 불교에서 말하는 8대 지옥에서 겪는 고통을 말함. 견디기 어려워 구원을 청하며 울부짖는 것.

아전인수 [我田引水] 내 논에 물을 끌어댄다는 뜻으로, 자기 형편에 좋도록 생각하거나 행동함.

안하무인 [眼下無人] 방자하고 교만하여 모든 사람을 업신여김을 이르는 말이다.

안빈낙도 [安貧樂道] 가난한 처지에도 편안히 도를 즐김을 말함.

약관 [約款] 남자 나이 20세를 말함.

약방감초 [藥房甘草] 한약에 꼭 들어가는 감초처럼 어느 자리에나 꼭 참석해 간섭하거나 재미를 북돋아 주는 사람을 말함.

어불성설 [語不成說] 말이 이치에 맞지 않는다는 말.

억조창생 [億兆蒼生] 수많은 백성을 말함.

언감생심 [焉敢生心] 어찌 감히 그런 마음을 먹을 수 있으랴, 라는 뜻.

언어도단 [言語道斷] 어이가 없어 말문이 막힌다는 뜻.

엄처시하 [嚴妻侍下] 아내에게 쥐여사는 사람을 조롱하는 말.

여민동락 [與民同樂] 임금이 백성과 함께 즐김.

역발산기개세 [力拔山氣蓋世] 산을 뽑아 던질 만하고 세상을 덮을 만한 기력의 웅대함을 말함.

역지사지 [易地思之] 처지를 바꾸어서 생각함.

연저지인 [吮疽之仁] 부하의 종기를 빨아 준 노나라 장수 오기吳起의 이야기에서 유래된 말. 정성을 다해 사람을 챙겨 주나 사실은 목적을 달성하기 위한 가식적 행위를 말할 때 비유하는 말.

염량세태 [炎凉世態] 세력이 있을 때는 아첨하고 권세가 다하면 푸대접하는 세상인심을 두고 하는 말.

염화미소[拈華微笑] 석가모니가 영산회상에서 제자 마하가섭에게 꽃을 들어 법을 전했다는 이야기에서 유래. 마음으로 법을 전함을 말함.

영고성쇠[榮枯盛衰] 사람의 일생이 성하기도 하고, 쇠하기도 한다는 뜻.

오거지서[五車之書] 다섯 수레에 실을 만큼 많은 책.

오매불망[寤寐不忘] 근심과 걱정 혹은 그리움 때문에 자나 깨나 잊지 못하는 것을 말함.

오비이락[烏飛梨落] 까마귀 날자 배 떨어진다는 말로, 공교롭게 남의 의심을 받게 됨을 말함.

외유내강[外柔内剛] 겉은 부드러우나 안은 내실 있고 강한 사람의 성품을 일컬음.

요령부득[要領不得] 말이나 글의 주요 내용을 알 수 없음.

요산요수[樂山樂水] 인자仁者는 산을 좋아하고 지자智者는 물을 좋아한다는 뜻.

욕속부달[欲速不達] 일을 서두르면 오히려 그르친다는 말.

우이독경[牛耳讀經] 소귀에 경 읽기.

우후죽순[雨後竹筍] 비가 온 뒤에 솟는 죽순처럼 어떤 일이 한꺼번에 동시에 일어남을 말함.

원족근린[遠族近隣] 먼 친척보다 가까운 이웃이 낫다는 뜻.

위편삼절[韋編三絶] 책 끈이 세 번 끊어질 정도로 책을 많이 읽었음을 말함. 고대 중국에서, 종이가 발견되기 전에는 대나무에 글씨를 쓰고 가죽 끈으로 엮어서 책을 만들었다. 공자는 책을 많이 읽어서 그 가죽 끈이 세 번씩이나 끊어졌다고 한다.

운니지차[雲泥之差] 구름과 진흙의 차이란 뜻으로 매우 큰 차이를 일컬음.

유방백세[流芳百世] 꽃다운 이름을 후대에 길이 남김.

유명무실[有名無實] 이름만 높고 실속은 없다는 말.

유아독존[唯我獨尊] 석가모니가 탄생했을 때 자신을 유일하게 존귀한 자라고 칭했다는 말에서 유래. 그러나 오늘날엔 자신밖에 모르는 오만무례한 태도를 말함.

유야무야[有耶無耶] 있는지 없는지 흐리멍텅하거나 그런 일처리를 뜻함.

유언비어[流言蜚語] 근거 없이 널리 퍼진 소문.

유유자적[悠悠自適] 속세를 떠나 아무 속박 없이 한가롭고 편한 삶을 표현한 말.

유종지미[有終之美] 끝마무리를 잘해야 한다는 뜻.

육두문자[肉頭文字] 음담패설을 두고 하는 말.

원교근공[遠交近攻] 먼 나라와 친교를 맺고 가까운 나라를 공격하는 것을 말함.

월하빙인[月下氷人] 결혼을 맺어 주는 중매인을 뜻함.

은인자중[隱忍自重] 마음속으로 참고 견디며 몸가짐을 조심함.

이구동성[異口同聲] 모든 사람이 한 가지 의견으로 말함.

이열치열[以熱治熱] 열은 열로써 다스려야 한다는 말. 더울 때는 더욱 더운 것으로 더위를 이겨야 한다는 뜻도 있다.

이율배반[二律背反] 서로 모순되는 주제가 동시에 동등한 권리를 가질 때를 말함.

인과응보[因果應報] 원인이 있으면 결과로서 반드시 그 대가를 받게 된다는 말.

인면수심[人面獸心] 사람의 탈을 쓰고 짐승같이 잔혹한 행동을 했을 때 쓰는 말.

인명재천[人命在天] 사람의 명은 하늘에 달려 있다는 말.

인산인해[人山人海] 사람들이 많이 군집해 있을 때 하는 말.

인자요산[仁者樂山] 덕이 있는 사람, 인자仁者는 산을 좋아한다는 말.

인자무적[仁者無賊] 어진 사람은 모든 사람을 사랑하므로 천하에 적이 없음.

일각여삼추[一刻如三秋] 짧은 시간이 마치 세 번의 가을을 보낸 듯하다는 말로 기다림의 애타는 심정을 말함.

일구월심[日久月深] 날이 오래고 달이 깊어 간다는 말로 세월이 흐를수록 더하다는 말.

일망무제[一望無際] 아득하게 넓어 끝이 보이지 않는 정경을 표현할 때 쓰는 말.

일사불란[一絲不亂] 질서정연하여 조금도 흐트러짐이 없는 모습을 말함.

일사천리[一瀉千里] 어떤 일이 거침없이 순조롭게 진행될 때 하는 말.

일어탁수[一魚濁水] 한 마리의 물고기가 물을 흐리게 한다는 말로 한 사람의 잘못으로 여러 사람이 피해를 입을 때 하는 말.

일이관지[一以貫之] 한 이치로 모든 것을 꿰뚫음.

일자천금[一字千金] 한 글자가 천금의 값어치를 가지고 있다는 말. 고서 화古書畵 등 값비싼 책을 두고 하는 말.

일장춘몽[一場春夢] 인생이 한바탕 꿈과 같다는 말.

일취월장[日就月將] 나날이 발전해 감을 뜻함.

일패도지[一敗塗地] 여지없이 패하여 다시 일어설 수 없게 됨을 의미.

일촉즉발[一觸卽發] 조금만 닿아도 곧 폭발할 듯한 위험한 상태.

일촌광음[一寸光陰] 매우 짧은 시간을 말함.

일필휘지[一筆揮之] 단숨에 글자를 시원하고 힘차게 쓴 붓놀림.

입추지지[立錐之地] 사람이 많이 모여 조금도 빈틈이 없는 것을 가리킨다.

자가당착[自家撞着] 자기의 언행이 전후가 맞지 않음. 모순矛盾과 같은 뜻으로 쓰인다.

자승자박[自繩自縛] 제 줄로 제 몸을 얽어 묶는다는 뜻으로, 자신의 마음씨나 언행으로 말미암아 자신을 망치게 되는 경우를 말함.

자포자기[自暴自棄] 자기 자신을 스스로 버려서 돌보지 않는 것.

작심삼일[作心三日] 마음을 작정한 지 사흘도 못 간다는 뜻으로, 일시적 분발로 마음먹은 일이 오래 계속되지 못한다는 말이다.

적반하장[賊反荷杖] 도둑이 도리어 매를 들고 대든다는 뜻으로, 잘못한 사람이 잘한 사람에게 큰소리를 친다는 것.

적재적소[適材適所] 사람을 일에 꼭 알맞고 적합하게 배치함을 말함.

전광석화[電光石火] 극히 짧은 시간이나 동작을 말함.

전대미문[前代未聞] 이제까지 들은 적이 없음을 말함.

전전반측[輾轉反側] 누워서 이리저리 뒤척거리며 잠 못 이룸을 말함.

전화위복[轉禍爲福] 나쁜 일이 바뀌어 도리어 복이 됨.

절치부심[切齒腐心] 몹시 분하여 이를 갈고 속을 썩임.

점입가경[漸入佳境] 일이 점점 흥미있게 진행되어 감을 말함.

정문일침[頂門一鍼] 정수리에 놓는 침이란 뜻으로, 남의 결점을 똑바로 찌른 따끔한 비판을 말한다.

조령모개[朝令暮改] 아침에 내린 명령을 저녁에 바꾼다는 뜻으로, 법령이 빈번하게 바뀜을 일컫는 말이다.

조문도석사가의[朝聞道夕死可矣] 아침에 도를 들었으면 저녁에 죽어도 좋다는 뜻.

조족지혈[鳥足之血] 새 발의 피란 뜻으로, 양이 아주 적은 것을 가리킨다.

좌정관천[坐井觀天] 우물 안 개구리라는 뜻으로 좁은 소견을 말함.

주경야독[晝耕夜讀] 낮엔 일하고 밤엔 열심히 공부할 때를 말함.

주마가편[走馬加鞭] 달리는 말에 채찍질한다는 뜻으로, 열심히 일하는 사람을 더욱 편달한다는 말.

주마간산[走馬看山] 말을 달리면서 산천의 경치를 구경한다는 뜻으로, 사물의 겉만 훑어보고 속에 담긴 내용이나 참된 모습을 바르게 알아내지 못하는 것.

죽장망혜[竹杖芒鞋] 대나무 지팡이에 짚신이란 뜻으로 여행을 떠날 때의 간편한 차림을 말함.

주야불식[晝夜不息] 아침 저녁으로 쉬지 않고 열심히 일함.

중언부언[重言復言] 했던 말을 여러 번 반복해서 말함.

지리멸렬[支離滅裂] 갈기갈기 찢기고 흩어져 갈피를 잡을 수 없는 상황을 말함.

지란지교[芝蘭之交] 고상한 벗 사이의 교제를 말함.

지자요수[智者樂水] 아는 사람은 사리에 통달하여 막힘이 없는 것이 흐르는 물과 같으므로 물을 좋아함.

진수성찬[珍羞盛饌] 잘 차린 맛 좋은 음식

진퇴양난[進退兩難] 후퇴와 전진을 반복하는 어려운 상황. 이러지도 저러지도 못하는 매우 난처한 처지를 말함.

||||||||||||||||||||||||||||||||||||||||||||||||||||| ㅊ |||||||||||||||||||||||||||||||||||||||||||||||||||||

창해일속[滄海一粟] 넓은 바다에 한 알의 좁쌀이라는 뜻. 극히 작은 존재를 비유하는 말.

천방지축[天方地軸] 행동이 얌전하지 못하고 소란스러움을 말함.

천석고황[泉石膏肓] 산수山水 자연을 사랑함이 지나쳐 고질병과 같음을 말함.

천생연분[天生緣分] 하늘에서 정해 준 남녀 간의 연분.

천인공노[天人共怒] 하늘과 사람이 놀란다는 뜻으로 누구나 용납할 수 없을 만할 때를 말함.

천재일우[千載一遇] 다시 만나기 힘든 좋은 기회.

천편일률[千篇一律] 사물이 변화 없이 한결같이 비슷할 때를 말함.

철두철미[徹頭徹尾] 처음부터 끝까지 철저하고 정확할 때를 말함.

초근목피[草根木皮] 풀뿌리와 나무껍질. 가난하여 약소한 음식으로 연명할 때 초근목피로 표현함.

초로인생[草露人生] 풀잎의 이슬처럼 덧없는 인생을 말함.

초미지급[焦眉之急] 눈썹이 타면 급히 끄지 않을 수 없다는 뜻으로, 매우 다급한 일을 일컬음.

천자만홍[千紫萬紅] 울긋불긋한 꽃의 만발한 모습.

청산유수[靑山流水] 막힘없이 말을 잘함.

추풍낙엽[秋風落葉] 가을바람에 떨어지는 낙엽처럼 어떤 세력이 급속히 쇠약해짐을 말함.

출가외인[出嫁外人] 시집간 딸은 남이나 다름없다는 말.

충언역이[忠言逆於耳] 충고하는 좋은 말은 귀에는 거슬릴 수 있다는 말.

취생몽사[醉生夢死] 술에 취한 듯, 꿈을 꾸는 듯 살아감을 뜻하는 것으로 아무 의미 없이 한평생을 흐리멍텅하게 살아가는 것.

칠전팔기[七顚八起] 일곱 번 넘어져도 여덟 번째 일어난다는 뜻으로, 실패를 거듭해도 굴하지 않고 다시 일어서는 것을 말함.

침소봉대[針小棒大] 바늘을 몽둥이라고 하는 것처럼 작은 일을 부풀려 말함을 일컬음.

칠거지악[七去之惡] 옛날 아내를 내쫓을 수 있는 7가지 악행. 부모에게 불순종, 무자식, 음란함, 질투심, 질병, 말 많음, 도둑질 등을 말함. 그러나 삼불거三不去라 해서 칠거지악의 예외가 있었는데 부모의 삼년상을 같이 했거나 시집올 때 고생 끝에 살림을 일구었거나 내쫓아도 갈 곳이 없을 때는 아내를 저버려서는 안 된다는 것.

칠종칠금[七縱七擒] 일곱 번 붙잡았다 일곱 번 놓아준다는 의미로 사람을 자유자재로 다룸.

||||||||||||||||||||||||||||||||||||||||||||||||||||| ㅋ |||||||||||||||||||||||||||||||||||||||||||||||||||||

쾌도난마[快刀亂麻] 시원스럽게 어지러운 일들을 처리함.

||||||||||||||||||||||||||||||||||||||||||||||||||||| ㅌ |||||||||||||||||||||||||||||||||||||||||||||||||||||

탁상공론[卓上空論] 현실성이 없는 허황된 의논.

탐관오리[貪官汚吏] 부패한 관리.

태연자약[泰然自若] 어떠한 일이 발생해도 평온하고 천연스러운 태도를 말함.

토사구팽[兎死拘烹] 교활한 토끼가 죽으면 사냥개는 필요 없게 되어 결국 삶아 먹히게 된다는 말로 쓸모없으면 사정없이 처단됨을 말함.

파란곡절[波瀾曲折] 생활이나 일의 진행에서 많은 변화와 곤란을 일컬음.

파안대소[破顔大笑] 얼굴을 환히 열고 크게 웃음.

패가망신[敗家亡身] 집안을 망하게 하고 자신의 몸도 망쳤음을 말함.

평지풍파[平地風波] 뜻밖에 큰일이나 소란스런 일이 발생했을 때를 표현하는 말.

포복절도[抱腹絶倒] 배를 움켜쥐고 쓰러질 정도로 크게 웃음.

풍우대상[風雨對狀] 바람과 비가 서로 마주 대하다. 즉 형제가 서로 만나는 것을 비유한 말이다.

풍전등화[風前燈火] 위급한 일이 임박한 것을 가리킴.

풍찬노숙[風餐露宿] 바람과 이슬을 무릅쓰고 숙식한다는 뜻. 떠돌아다니면서 모진 고생을 한다는 말.

피골상접[皮骨相接] 몸이 몹시 말랐을 때를 말함.

필부필부[匹夫匹婦] 평범한 남녀를 일컫는 말.

학수고대[鶴首苦待] 몹시 애타게 기다릴 때를 말함.

함구무언[緘口無言] 입을 다물고 말을 하지 않음.

함흥차사[咸興差使] 심부름 간 사람이 돌아오지 않을 때 하는 말. 태조 이성계가 태종 이방원에게 왕위를 물려주고 함흥에 가 있을 때, 태조의 노여움을 풀기 위해 여러 번 사신을 보냈으나 그때마다 죽고 돌아오지 않았다는 이야기에서 나온 말이다.

합종연횡[合縱連衡] 중국 전국 시대 때 소진의 합종설과 장의의 연횡설을 말하는 것으로 강대국인 진나라에 대한 약소국의 외교 방침을 말한다. 소진은 진나라와 화합해야 한다고 주장했고 장의는 각국이 힘을 합쳐 진나라를 공격해야 한다고 주장했다.

해로동혈[偕老同穴] 부부의 금슬이 좋아서 살아서는 같이 늙고, 죽어서는 한 무덤에 묻히고자 함을 말한다.

행운유수[行雲流水] 떠가는 구름과 흐르는 물이란 뜻으로 일이 막힘이 없을 때 혹은 마음씨가 시원스러울 때 혹은 일정한 형태가 없이 사물이 변할 때 쓰는 말.

허장성세[虛張聲勢] 실속 없이 과장되게 허풍을 떨며 하는 말.

호구지책[糊口之策] 겨우 먹고살 만한 방책.

호사다마[好事多魔] 좋은 일엔 꼭 나쁜 징조, 방해되는 일이 있기 마련이라는 말.

홍로점설[紅爐點雪] 화로 위의 눈송이란 뜻. 큰일을 하는 데 작은 일은 아무 소용없을 때 혹은 어떤 의혹이 일시에 없어짐을 말함.

화사첨족[畵蛇添足] 뱀 그림에 다리를 그렸다는 뜻으로 쓸데없이 군일을 하다가 일을 그르침을 말함. 사족蛇足이라고도 함

화중지병[畵中之餠] 그림의 떡.

화촉동방[化燭洞房] 첫날밤, 신랑 신부가 자는 방.

환골탈태[換骨奪胎] 얼굴이 전보다 아름다워짐을 말하거나 신분이 상승되었을 때 혹은 문장을 개작해서 자신의 것으로 만들었을 때를 말함.

회자인구[膾炙人口] '회자'란 고기를 잘게 썰어 구운 요리를 말하며 뭇사람들에게 이름이 오르내리는 것을 묘사한 말이다.

횡설수설[橫說竪說] 생각나는 대로 아무 조리 없이 함부로 마구 늘어놓는 말.

후안무치[厚顏無恥] 뻔뻔스러워 부끄러움을 모른다는 말.

흥망성쇠[興亡盛衰] 흥하고 망하고 성하고 쇠함.

흥진비래[興盡悲來] 즐거운 일이 다하면 슬픈 일이 온다는 뜻으로 세상의 기쁨과 슬픔이 돌고 돔을 말함.

희색만면[喜色滿面] 기쁜 빛이 얼굴에 가득함.

2) 우리나라 속담 고사성어

속담(俗談)이란 우리 조상(祖上)들의 삶을 통하여 전해 내려온 정신 유산으로 우리의 유구한 역사와 더불어 굳어진 격언(格言)이다. 비록 짤막한 말들이지만 선조들의 얼을 엿볼 수 있는 살아 있는 진리라 할 수 있다. 속담에 담긴 깊은 뜻을 되새겨 보면 조상들의 해학과 지혜를 배울 수 있다. 이를 통해 이 시대를 살아가는 데 있어 겨레의 맥을 전승하는 유익한 교훈과 양식을 얻게 되리라 믿는다.

부 간 부 담
附肝附膽 붙을 **부**, 간 **간**, 붙을 **부**, 쓸개 **담**

간에 붙었다 쓸개에 붙었다 한다

아무 줏대도 없이 형세에 따라 이리 붙었다 저리 붙었다 하는 기회주의자를 말함.

삼 년 구 미 불 위 황 모
三年狗尾 不爲黃毛 석 **삼**, 해 **년**, 개 **구**, 꼬리 **미**, 아닐 **불**, 될 **위**, 누를 **황**, 털 **모**

개 꼬리 삼 년 두어도 황모 못 된다

황모는 족제비털을 말하는 것으로 본래 값비싼 제품을 만드는 데 쓰인다. 개털은 흔히 하찮은 것의 비유로 많이 인용되는 말이다. 근본이 좋지 않은 것은 변할 수 없다는 것을 말함.

거 천 용 출 호
渠川龍出乎 동랑 **거**, 내 **천**, 용 **룡**, 날 **출**, 어조사 **호**

개천에서 용 난다

변변치 못한 집안에서 훌륭한 사람이 나타났다는 말.

乞人不祥都承旨

걸 인 불 상 도 승 지

빌 **걸**, 사람 **인**, 아닐 **불**, 상서로울 **상**, 도읍 **도**, 받들 **승**, 뜻 **지**/맛있을 **지**

거지가 도승지더러 불쌍하다 한다

도승지는 높은 벼슬이라서 아무리 추운 때라도 이른 아침에 대궐에 나가야 한다. 거지가 이것을 불쌍히 여기니, 자신이 불쌍한 처지에 있음에도 도리어 그렇지 않은 사람을 동정한다는 말. 즉 분수를 모른다는 뜻.

烏狗之浴 不變其黑

오 구 지 욕 불 변 기 흑

까마귀 **오**, 개 **구**, 어조사 **지**, 목욕할 **욕**, 아닐 **불**, 변할 **변**, 그 **기**, 검을 **흑**

검둥개 멱 감듯

검은 개가 목욕을 해도 검은 털이 하얘질 수 없다. 수고를 해도 빛이 안 난 다는 말.

慶州石玉石

경 주 석 옥 석

경사 **경**, 고을 **주**, 돌 **석**, 구슬 **옥**, 돌 **석**

경주 돌이면 다 옥석인가

경주에서 옥석을 산출하기는 하나 경주 돌이 모두 옥석일 수는 없으니, 한 가지를 보고 전체를 평가할 수 없다는 뜻.

鯨戰蝦死

경 전 하 사

고래 **경**, 싸울 **전**, 새우 **하**, 죽을 **사**

고래 싸움에 새우등 터진다

힘 있는 사람 싸움에 끼어 피해를 본다는 뜻으로, 아무런 이유 없이 화를 당한다는 말.

高麗公事三日

고 려 공 사 삼 일

높을 **고**, 고을 **려**, 공변될 **공**, 일 **사**, 석 **삼**, 날 **일**

고려의 법령이 사흘 만에 바뀐다

고려 시대엔 나라의 법령이 수시로 바뀌었다. 무슨 일을 시작하자마자 금세 변경하는 습성을 말한다.

효 자 불 여 악 처
孝子不如惡妻 효도 효, 아들 자, 아닐 불, 같을 여, 나쁠 악, 아내 처

고약한 아내라도 효자보다 낫다

남자에게 있어 아주 못된 아내일지라도 지극히 효도하는 자식보다는 마음에 더 간절하다는 말.

묘 항 현 령
猫項縣鈴 고양이 묘, 목 항, 달릴 현, 방울 령

고양이 목에 방울 달기

불가능한 일을 도모하는 것.

적 공 지 탑 불 타
積功之塔不墮 쌓을 적, 공 공, 어조사 지, 탑 탑, 아닐 불, 떨어질 타

공든 탑이 무너지랴

공을 들여 쌓은 탑은 좀처럼 붕괴되지 않는다. 무슨 일이든 정성을 다하면 실패하지 않는다는 말.

곽 란 구 약
藿亂求藥 곽란 곽, 어지러울 란, 구할 구, 약 약

곽란에 약 구하러 간다

곽란이란 급격한 토사吐瀉 등을 일으키는 급성 위장병이다. 급히 서둘러야 할 때에 약을 구하러 가면 이미 때는 늦게 마련이니, 미리 구급약救急藥을 비치해 두어야 한다는 말.

불 지 기 인 시 기 우
不知其人視其友 아닐 불, 알 지, 그 기, 사람 인, 보일 시, 그 기, 벗 우

그 사람됨을 알지 못하거든 그 친구를 보라

누구나 그 사람의 친구를 보면 그 사람의 인품이 어떠한지 알 수 있다는 말.

金剛山食後景

금 강 산 식 후 경

쇠 **금**, 굳셀 **강**, 뫼 **산**, 먹을 **식**, 뒤 **후**, 경치 **경**

금강산도 배부른 뒤에 구경이라

허기진 상태에선 좋은 경치를 구경해도 눈에 들어오지 않는다는 말.

破器相接

파 기 상 접

깨뜨릴 **파**, 그릇 **기**, 서로 **상**, 접속할 **접**

깨어진 그릇 조각을 서로 다시 맞춘다

다시 맺을 수 없는 일을 집요하게 그것을 완결시키려고 매달린다는 뜻.

雉之未備鷄自備數

치 지 미 비 제 자 비 수

꿩 **치**, 어조사 **지**, 아직 **미**, 갖출 **비**, 닭 **계**, 스스로 **자**, 갖출 **비**, 셀 **수**

꿩 대신 닭

필요한 물건이 없으면 그와 비슷한 것으로 대용代用할 수 있다는 말.

木石不附

목 석 불 부

나무 **목**, 돌 **석**, 닐 **불**, 붙일 **부**

나무에도 돌에도 붙일 데 없다

아무 데도 의지할 곳이 없다는 뜻으로 가난하고 외로와 의지할 곳이 없는 처지를 말함.

我腹旣飽不察奴飢

아 복 기 포 불 찰 노 기

나 **아**, 배 **복**, 이미 **기**, 배부를 **포**, 아닐 **불**, 살필 **찰**, 종 **노**, 주릴 **기**

나 배부르면 종 배고픈 줄 모른다

내 몫만 챙기지 말고 상대방이나 주위도 살필 줄 알아야 한다는 말.

他人之祭曰梨曰枾

타 인 지 제 왈 리 왈 시

다를 **타**, 사람 **인**, 어조사 **지**, 제사 **제**, 가로되 **왈**, 배나무 **리**, 가로되 **왈**, 감나무 **시**

남의 제사에 감 놓아라 배 놓아라 한다

남의 일에 공연히 끼어들어 쓸데없는 참견과 잔소리를 한다는 말.

晝語雀聽 夜語鼠聽
낮 **주**, 말 **어**, 참새 **작**, 들을 **청**, 밤 **야**, 말 **어**, 쥐 **서**, 들을 **청**

낮말은 새가 듣고 밤말은 쥐가 듣는다

세상에는 비밀이 없다는 말이니 언제나 말조심하라는 뜻.

我有良貨乃求善價
나 **아**, 있을 **유**, 어질 **량**, 재화 **화**, 이에 **내**, 구할 **구**, 착할 **선**, 값 **가**

내 물건이 좋아야 제값을 받는다

물건의 품질을 좋게 해야 제대로 값을 받지, 엉성하면 결국 제 값어치를 할 수 없다는 말.

吾鼻三尺
나 **오**, 코 **비**, 석 **삼**, 자 **척**

내 코가 석자

자신의 일도 감당 못 해 남을 도울 여유가 없음을 이르는 말.

獐尾日長 幾許其長
노루 **장**, 꼬리 **미**, 가로되 **왈**, 길 **장**, 몇 **기**/기미 **기**, 허락할 **허**, 그 **기**, 길 **장**

노루 꼬리가 길면 얼마나 길까

노루 꼬리가 길어 봤자 얼마 되지 않는다. 잘해 봤자 뻔한 일이라는 말.

農夫餓死 枕厥種子
농사 **농**, 사내 **부**, 주릴 **아**, 죽을 **사**, 베개 **침**, 그 **궐**, 씨 **종**, 아들 **자**

농부는 굶어 죽어도 그 종자는 베고 죽는다

농부는 끼니가 떨어져 굶어 죽을지언정 씨 뿌릴 종자에는 손을 대지 않는다는 말로 뒷날을 중히 여긴다는 뜻.

量吾被置吾足
용량 **량**, 나 **오**, 이불 **피**, 둘 **치**, 나 **오**, 발 **족**

누울 자리 봐 가며 발을 뻗는다

어떤 일이든지 사전에 계획을 세워서 일에 착수해야 된다는 말.

盲子孝道

맹 자 효 도
盲子孝道 눈멀 **맹**, 아들 **자**, 효도 **효**, 길 **도**

눈먼 자식이 효도한다

무능력하다고 여긴 자식에게서 도리어 신세를 진다는 뜻. 즉 쓸모없다고 생각한 것이 도리어 유용하게 쓰인다는 말.

노 마 재 구 유 불 사 두
老馬在廐猶不辭豆 늙을 **노**, 말 **마**, 있을 **재**, 마굿간 **구**, 오히려 **유**, 아닐 **불**, 말씀 **사**, 콩 **두**

늙은 말 콩 더 달란다

말이 늙어 일은 못하면서 먹고 싶은 것을 더 달라고 투정한다는 말. 늙으면 꾀가 많아진다는 말.

석 이 감 여 금 내 고 토
昔以甘茹今乃苦吐 옛 **석**, 써 **이**, 달 **감**, 먹을 **여**, 지금 **금**, 이에 **내**, 괴로울 **고**, 토할 **토**

달면 삼키고 쓰면 뱉는다

먹기 좋은 것은 삼키고 먹기 나쁜 것은 내뱉는다는 말로 자신에게 이익되는 것만을 추구한다는 뜻.

분 장 고 방 획 토
奔獐顧放獲兎 달아날 **분**, 노루 **장**, 돌아볼 **고**, 놓을 **방**, 얻을 **획**, 토끼 **토**

달아나는 노루 돌아보다가 이미 잡은 토끼 놓친다

이미 자기에게 있는 것을 소중히 여겨야지 욕심으로 한눈을 팔지 말라는 것.

도 이 후 착 불 이 전 착
盜以後捉 不以前捉 훔칠 **도**, 써 **이**, 뒤 **후**, 잡을 **착**, 아닐 **불**, 써 **이**, 앞 **전**, 잡을 **착**

도둑을 뒤로 잡지 앞으로 잡을까

도둑을 섣불리 앞에서 잡으려고 덤벼들다가는 도둑이 홧김에 무슨 일을 저지를지 모르기 때문에 뒤에서 잡아야 안전하다는 뜻.

盜之就拿厥足自麻
도 지 취 나 궐 족 자 마
훔칠 **도**, 갈 **지**, 이를 **취**, 붙잡을 **나**, 그 **궐**, 발 **족**, 스스로 **자**, 삼 **마**

도둑이 제 발 저린다

나쁜 짓을 하면 아무도 보지 않아도 스스로 양심에 걸려 마음이 편치 못하다는 뜻.

無贈弟物有贈盜物
무 증 제 물 유 증 도 물
없을 **무**, 줄 **증**, 아우 **제**, 만물 **물**, 있을 **유**, 줄 **증**, 훔칠 **도**, 만물 **물**

동생 줄 것은 없어도 도둑 줄 것은 있다

몰래 감추어 두었다가 가까운 사람은 잊고 남 좋은 일만 한다는 말. 주변 사람에게 욕심을 부릴 때 하는 말.

始用升授 還以斗受
시 용 승 수 환 이 두 수
처음 **시**, 쓸 **용**, 되 **승**, 줄 **수**, 돌아올 **환**, 써 **이**, 말 **두**, 받을 **수**

되로 주고 말로 받는다

적은 양의 되로 주었는데 받을 땐 많은 양의 말로 받는다는 뜻. 어떤 일이 크게 되어 되돌아올 때를 비유한 말.

蔬之將善 兩葉可辨
소 지 장 선 량 엽 가 변
무성귀 **소**, 어조사 **지**, 장차 **장**, 착할 **선**, 두 **량**, 잎 **엽**, 옳을 **가**, 분별할 **변**

될성 부른 나무는 떡잎부터 알아본다

좋은 나무는 새싹이 틀 때부터 알 수 있다는 말로, 곧 장래가 촉망되는 것은 처음부터 그 기미가 보인다는 뜻.

上青歸心 異去時
상 청 귀 심 이 거 시
윗 **상**, 뒷간 **청**, 돌아올 **귀**, 마음 **심**, 다를 **이**, 갈 **거**, 때 **시**

뒷간에 갈 적 맘 다르고 올 적 맘 다르다

급하고 중요한 일이 해결되고 나면 느긋해져서 몰랐던 결점도 보이게 된다는 말.

燈下不明
등 하 불 명

등잔**등**, 아래 **하**, 아닐 **불**, 밝을 **명**

등잔 밑이 어둡다
남의 일은 잘 알 수 있으나 자기 일은 잘 모른다는 뜻.

去地習修
거 지 습 수

갈 **거**, 땅 **지**, 익힐 **습**, 헤엄칠 **수**

땅 짚고 헤엄치기
일하기가 매우 쉽다는 말.

走者上有飛者
주 자 상 유 비 자

달릴 **주**, 사람 **자**, 윗 **상**, 있을 **유**, 날 **비**, 사람 **자**

뛰는 놈 위에 나는 놈 있다
잘난 사람 위에는 더 잘난 사람이 있다는 말로 자만하지 말고 더 노력하라
는 뜻.

婦家情篤 拜厥馬杙
부 가 정 독 배 궐 마 익

며느리 **부**, 집 **가**, 뜻 **정**, 도타울 **독**, 절 **배**, 그 **궐**, 말 **마**, 말뚝 **익**

마누라가 예쁘면 처갓집 말뚝에도 절한다
아내가 사랑스러우면 아내의 처갓집까지 사랑스럽게 보여서 예의를 다한다
는 뜻.

馬行處牛亦去
마 행 처 우 역 거

말 **마**, 갈 **행**, 곳 **처**, 소 **우**, 또 **역**, 갈 **거**

말 가는 데 소도 간다
어떤 사람이 한 일은 다른 사람도 노력하면 할 수 있다는 말.

言甘家醬不甘
언 감 가 장 불 감

말 **언**, 달 **감**, 집 **가**, 장 **장**, 아닐 **불**, 달 **감**

말 많은 집은 장 맛도 쓰다
가정이 화목하지 못해 늘 다툼이 많으면 살림살이조차 잘 안 된다는 말.

旣乘其馬又思牽者
기 승 기 마 우 사 견 자

이미 **기**, 탈 **승**, 그 **기**, 말 **마**, 또 **우**, 생각 **사**, 끌 **견**, 사람 **자**

말 타면 경마 잡히고 싶다

말을 타면 으쓱해져서 종을 부리고 싶다는 말로 사람의 욕심은 끝이 없다는 뜻.

獲山猪失家豚
획 산 저 실 가 돈

얻을 **획**, 뫼 **산**, 멧돼지 **저**, 잃을 **실**, 집 **가**, 돼지 **돈**

멧돼지 잡으려다 집돼지 잃는다

밖으로 멧돼지 잡으러 갔다가 집에 있는 돼지를 잃었다는 말로 항상 집안일을 먼저 살펴야 된다는 말.

毛骨悚然
모 골 송 연

털 **모**, 뼈 **골**, 두려워할 **송**, 그러할 **연**

모골이 송연하다

몸이 털이 솟고 뼈가 찌릿하여 공포스러움을 말함.

橫步行好去京
횡 보 행 호 거 경

가로 **횡**, 걸음 **보**, 갈 **행**, 좋아할 **호**, 갈 **거**, 서울 **경**

모로 가도 서울만 가면 된다

수단과 방법은 달라도 결과만 좋으면 된다는 말.

盛水不漏
성 수 불 루

무성할 **성**, 물 **수**, 아닐 **불**, 샐 **루**

물 샐 틈 없다

가득 찬 물이 조금도 새 나갈 틈이 없다는 비유. 사물이 빈틈 없이 잘 짜여져 있어 지극히 정밀하다는 말.

水至淸則無魚 人至察則無徒
수 지 청 즉 무 어 인 지 찰 즉 무 도

물 **수**, 이를 **지**, 맑을 **청**, 곧 **즉**, 없을 **무**, 물고기 **어**, 사람 **인**, 이를 **지**, 살필 **찰**, 곧 **즉**, 없을 **무**, 무리 **도**

물이 너무 맑으면 고기가 없고, 너무 똑똑하면 사람들이 따르지 않는다

물이 너무 맑아 물고기의 먹이인 벌레, 이끼 따위가 없으면 물고기가 꼬이지 않는다. 이처럼 사람도 너무 사리분별에 밝고 명석하면 주위에 사람이 따르지 않는다는 뜻. 만사에 이해와 너그러움이 있어야 된다는 말.

水上浮油 _{수 상 부 유} 물 수, 윗 상, 뜰 부, 기름 유

물 위에 뜬 기름

물에다가 기름을 떨어뜨려도 기름은 위에 뜬다. 곧 서로 잘 어울릴 수 없는 사이를 이르는 말.

千人所指 無病而死 _{천 인 소 지 무 병 이 사} 일천 천, 사람 인, 처 소, 손가락 지, 없을 무, 병 병, 써 이, 죽을 사

뭇사람에게 손가락질 받으면 병 없어도 죽는다

여러 사람에게 미움받으면 마음 고생 때문에 결국 죽게 된다는 말.

一魚混全川 _{일 어 혼 전 천} 한 일, 물고기 어, 흐릴 혼, 온전 전, 내 천

미꾸라지 한 마리가 도랑물 흐린다

나쁜 사람 한 사람이 온 집안이나 온 세상을 더럽히고 어지럽게 한다는 말.

予所憎兒 先抱之懷 _{여 소 증 아 선 포 지 회} 나 여, 처 소, 미워할 증, 아이 아, 먼저 선, 안을 포, 어조사 지, 품을 회

미운 아이 떡 하나 더 준다

밉다고 멀리 할 것이 아니라 더 신경을 써 주라는 말. 상대방을 배려하면 그만큼 답이 오게 마련이다.

過麥田大醉 _{과 맥 전 대 취} 지날 과, 보리 맥, 밭 전, 큰 대, 취할 취

보리밭만 지나도 취한다

술을 못 먹는 사람은 술의 원료가 되는 보리밭만 지나가도 취한다는 말.

針賊大牛賊 바늘**침**, 도적**적**, 클**대**, 소**우**, 도둑**적**

침 적 대 우 적

바늘 도둑이 소 도둑 된다

처음에는 대단하지 않은 것을 훔치다가 나중에는 점점 큰 것을 훔치게 된다는 뜻. 무엇이든 작은 잘못을 아무렇지도 않게 저지르다보면 결국 큰일을 저지르게 된다는 말.

기 종 야 곡 문 수 불 록

旣終夜哭 問誰不祿 이미 **기**, 다할 **종**, 밤 **야**, 울 **곡**, 물을 **문**, 누구 **수**, 아닐 **불**, 복록 **록**

밤새도록 울다가 누가 죽었느냐고 묻는다

남의 상가喪家에 가서 실컷 울다가 죽은 사람이 누구냐고 묻는다는 말. 사리事理 분별을 못 하는 사람.

경 야 무 원 역 일 망 은

經夜無怨曆日忘恩 날 **경**, 밤 **야**, 없을 **무**, 원망할 **원**, 책력 **역**, 날 **일**, 잊을 **망**, 은혜 **은**

밤 잔 원수 없고 날 샌 은혜 없다

원수도 오랜 세월이 지나면 잊어버리게 되고 남에게 입은 은혜恩惠도 세월이 지나면 잊게 된다는 말.

무 족 지 언 비 우 천 리

無足之言 飛于千里 없을 **무**, 발 **족**, 어조사 **지**, 말씀 **언**, 날 **비**, 어조사 **우**, 일천 **천**, 마을 **리**

발 없는 말이 천리 간다

남의 말을 하면 사실이 아닌 말까지 보태져 이 사람 저 사람에게로 걷잡을 수 없이 퍼져나가게 되니 말조심하라는 뜻.

식 리 겸 이 락 치

食梨兼以濯齒 먹을 **식**, 배나무 **리**, 겸할 **겸**, 써 **이**, 빨 **탁**, 이 **치**

배 먹고 이 닦기

배를 먹으면 저절로 이가 맑아지니 한 가지 일로 두 가지 이익을 본다는 말.

輕彼薄楮 尚欲對擧
<small>경 피 박 저 상 욕 대 거</small>
가벼울 **경**, 저 **피**, 얇을 **박**, 닥나무 **저**, 오히려 **상**, 하고자할 **욕**, 대답할 **대**, 들 **거**

백지장도 맞들면 낫다

서로 돕고 협력協力만 한다면 어떤 어려운 일이라도 쉽게 풀릴 수 있다는 말.

畫虎不成
<small>화 호 불 성</small>
그림 **화**, 범 **호**, 아닐 **불**, 이룰 **성**

범을 그리려다 강아지를 그린다

남의 흉내를 내거나 힘에 겨운 일을 하려다가 도리어 잘못됨을 이르는 말.

春雉自鳴
<small>춘 치 자 명</small>
봄 **춘**, 어릴 **치**, 스스로 **자**, 새울 **명**

봄 꿩이 스스로 운다

묻지 않는 일을 스스로 발언發言함을 일컫는 말.

夫婦戰刀割水
<small>부 부 전 도 할 수</small>
사내 **부**, 아내 **부**, 싸울 **전**, 칼 **도**, 나눌 **할**, 물 **수**

부부 싸움은 칼로 물 베기

흐르는 물을 베도 끊을 수 없듯이 부부 싸움은 심하게 하더라도 이내 풀어지게 마련이란 뜻.

旣借堂又借房
<small>기 차 당 우 차 방</small>
이미 **기**, 빌릴 **차**, 집 **당**, 또 **우**, 빌릴 **차**, 방 **방**

사랑채 빌리면 안방까지 달라 한다

어떤 계기로 잘해 주면 이것을 발판 삼아 갈수록 심하게 남의 권리를 침범한다는 말.

人飢三日 無計不出
<small>인 기 삼 일 무 계 불 출</small>
사람 **인**, 주릴 **기**, 석 **삼**, 날 **일**, 없을 **무**, 셈할 **계**, 아닐 **불**, 날 **출**

사흘 굶어 도둑질 안 할 놈 없다

사람이 극한 곤경에 처하면 나쁜 짓도 하게 된다는 말.

三日之程一日往十日臥 _{석삼} **삼**, _날 **일**, 어조사 **지**, 단위 **정**, 한 **일**, 날 **일**, 갈 **왕**, 열 **십**, 날 **일**, 엎드릴 **와**

사흘 길을 하루에 가서는 열흘을 앓아눕는다

사흘 걸려 할 수 있는 일을, 하루에 다 해치우다가 그만 병에 걸려 열흘 동안 눕게 된다는 말. 너무 급히 서두르면 도리어 일을 그르친다는 뜻.

入山欲避虎 들 **입**, 뫼 **산**, 하고자할 **욕**, 피할 **피**, 범 **호**

산에 들어가 호랑이 피하려고 한다

위험한 줄 알고 스스로 자초한 일을 피한다는 뜻.

山烏念佛 뫼 **산**, 까마귀 **오**, 생각 **념**, 부처 **불**

산까마귀 염불한다

산까마귀가 염불하는 것을 오래 듣다 보니 염불 소리를 낸다는 뜻으로 무식한 사람도 오래 보고 들으면 알게 된다는 뜻.

活狗子勝於死卿 살 **활**, 개 **구**, 아들 **자**, 이길 **승**, 어조사 **어**, 죽을 **사**, 벼슬 **경**

살아 있는 개가 죽은 정승보다 낫다

아무리 훌륭한 것이라도 죽으면 소용없다는 말.

留子之谷 虎亦顧復 머무를 **유**, 아들 **자**, 어조사 **지**, 골 **곡**, 범 **호**, 또 **역**, 돌아볼 **고**, 돌아올 **복**

새끼 둔 골은 범도 돌아본다

사나운 호랑이도 새끼를 돌볼 줄 아는데, 하물며 사람이라면 자식을 정성껏 양육하여야 된다는 말.

鳥久止必帶矢 새 **조**, 오랠 **구**, 그칠 **지**, 반드시 **필**, 띠 **대**, 화살 **시**

새도 오래 앉으면 화살 맞는다

사람이 어느 지위에 오래 있으면 언젠가 화를 당하기 마련이란 뜻.

대 효 월 좌 황 혼
待曉月坐黃昏 기다릴 **대**, 새벽 **효**, 달 **월**, 앉을 **좌**, 누를 **황**, 어두울 **혼**

새벽달 보자고 초저녁부터 기다린다

성미가 급해 일을 너무 일찍부터 서두르고 준비함을 탓하는 말.

당 구 삼 년 음 풍 월
堂狗三年 吟風月 집 **당**, 개 **구**, 석 **삼**, 해 **년**, 읊을 **음**, 바람 **풍**, 달 **월**

서당 개 삼 년이면 풍월을 읊는다

무식한 사람도 유식한 사람과 오래 같이 지내다 보면 자연히 견문이 생겨 똑똑해진다는 말.

발 노 축 석 아 족 기 절
發怒蹴石 我足其折 쏠 **발**, 성낼 **노**, 찰 **축**, 돌 **석**, 나 **아**, 발 **족**, 그 **기**, 꺾을 **절**

성나서 돌을 차니 내 발부리가 터졌다

한강에서 뺨 맞고 종로에서 눈 흘긴다라는 식. 엉뚱한 데다 화풀이를 한다는 말.

성 문 실 화 앙 급 지 어
城門失火 殃及池魚 재 **성**, 문 **문**, 잃을 **실**, 불 **화**, 재앙 **앙**, 미칠 **급**, 연못 **지**, 물고기 **어**

성문이 불에 타니 재앙이 연못 물고기에까지 미친다

까닭 없이 재난을 당함을 이르는 말로, 졸지에 영문도 모르고 화를 입게 된다는 뜻.

삼 세 지 습 지 우 팔 십
三歲之習 至于八十 석 **삼**, 해 **세**, 어조사 **지**, 익힐 **습**, 이를 **지**, 어조사 **우**, 여덟 **팔**, 열 **십**

세 살 버릇이 여든까지 간다

어릴 때 습관은 늙어서도 고치기 어렵다는 말.

장수선무
長袖善舞 길 **장**, 소매 **수**, 착할 **선**, 춤 **무**

소매가 길면 춤추기가 좋다

춤추기에 알맞는 의상을 만들어 입는다는 말. 아무리 예기藝技가 뛰어나도 자본이 없으면 그것을 표현하지 못한다는 뜻.

이여반장
易如反掌 쉬울 **이**, 같을 **여**, 돌이킬 **반**, 손바닥 **장**

손바닥 뒤집기

반장反掌은 손바닥을 뒤집는 것으로 몹시 쉬운 일에 비유한 말.

서과피지
西瓜皮舓 서녘 **서**, 오이 **과**, 가죽 **피**, 핥을 **지**

수박 겉핥기

수박 맛을 알려면 수박 속을 먹어 봐야 안다. 사물에 대한 지식을 속뜻도 모르고 건성만 알고 있다는 뜻.

처첩지전 석불반면
妻妾之戰 石佛反面 아내 **처**, 첩 **첩**, 어조사 **지**, 싸움 **전** 돌 **석**, 부처 **불**, 돌이킬 **반**, 얼굴 **면**

시앗(첩)을 보면 길가의 돌부처도 돌아앉는다

본처와 첩의 관계는 매섭고 차서 남편이라 한들 끼어들어도 소용없다는 말.

문즉질불문약
聞則疾不聞藥 들을 **문**, 곧 **즉**, 병 **질**, 아닐 **불**, 들을 **문**, 약 **약**

아는 것이 병, 모르는 게 약

잘 알기 때문에 도리어 근심거리가 많다는 말.

돌불연불생연
突不燃不生煙 굴뚝 **돌**, 아닐 **불**, 사를 **연**, 아닐 **불**, 날 **생**, 연기 **연**

아니 땐 굴뚝에 연기 날까

원인이 있으면 반드시 결과가 있는 법이란 말

수유망심 금불계침
雖有忙心 錦不繫針
비록 **수**, 있을 **유**, 바쁠 **망**, 마음 **심**, 비단 **금**, 아닐 **불**, 맬 **계**, 바늘 **침**

아무리 바빠도 바늘 허리 매어 쓰지 못한다

바쁘다고 바늘귀에 실을 매지 않고 바늘 허리에 실을 매면 바느질을 할 수 없다. 아무리 바빠도 일에는 정해진 순서와 격식이 있다는 말.

궁인지사 번역파비
窮人之事 飜亦破鼻
다할 **궁**, 사람 **인**, 어조사 **지**, 일 **사**, 뒤칠 **번**, 또 **역**, 깨뜨릴 **파**, 코 **비**

안되는 사람은 뒤로 넘어져도 코가 깨진다

운수가 사나운 사람은 무슨 일을 하든 실패하고 손해만 본다는 뜻.

암중순목 수지약속
暗中瞬目 誰知約束
어두울 **암**, 가운데 **중**, 눈깜짝일 **순**, 눈 **목**, 누구 **수**, 알 **지**, 맺을 **약**, 묶을 **속**

어두운 밤에 눈 꿈쩍이기로 누가 알까

남이 보지 않는 곳에서 일을 한들 누가 알아주겠느냐는 말. 공연히 헛수고만 한다는 말.

아재부삼년수
兒在負三年搜
아이 **아**, 있을 **재**, 질 **부**, 석 **삼**, 해 **년**, 찾을 **수**

업은 아기 삼 년 찾는다

가까이 있는 것도 모르고 여기저기 찾아다니기만 한다는 말.

오월자화 유석퇴좌
五月炙火 猶惜退坐
다섯 **오**, 달 **월**, 고기구을 **자**, 불 **화**, 오히려 **유**, 아낄 **석**, 물러날 **퇴**, 앉을 **좌**

여름 불도 쬐다 보면 섭섭하다

쓸데없는 듯한 것도 막상 없어지게 되면 섭섭하다는 뜻.

수심가지 인심난지
水深可知 人心難知
물 **수**, 깊을 **심**, 옳을 **가**, 알 **지**, 사람 **인**, 마음 **심**, 어려울 **난**, 알 **지**

열 길 물 속은 알아도 한 길 사람의 속은 모른다

사람의 속마음과 진심은 좀처럼 알기 어렵다는 말.

십 작 목 무 불 작
十斫木無不斫 열 **십**, 벨 **작**, 나무 **목**, 없을 **무**, 아닐 **불**, 벨 **작**

열 번 찍어 안 넘어가는 나무가 없다

노력하면 못 이룰 일이 없다는 말로 어떤 사람이라도 여러 번 간청하고 유혹하면 넘어가게 된다는 뜻.

십 반 일 시 환 성 일 반
十飯一匙 還成一飯 열 **십**, 밥 **반**, 한 **일**, 숟가락 **시**, 돌아올 **환**, 이룰 **성**, 한 **일**, 밥 **반**

열 사람 한 술 밥이 한 그릇 푼푼하다

열 사람이 한 숟가락씩 뜨면 한 그릇의 밥을 이룰 수 있다. 작은 정성을 모아 큰일을 일군다는 말로 여러 사람이 뜻을 모아 협력한다면 못 할 일이 없다.

요 처 무 왕 처 다
邀處無往處多 맞을 **요**, 곳 **처**, 없을 **무**, 갈 **왕**, 곳 **처**, 많을 **다**

오라는 데는 없어도 갈 데는 많다

오라는 사람은 없어도 찾아 나서면 갈 곳은 많다는 말.

난 상 지 목 물 앙
難上之木勿仰 어려울 **난**, 윗 **상**, 어조사 **지**, 나무 **목**, 말 **물**, 우러러볼 **앙**

오르지 못할 나무는 쳐다보지도 말아라

자기 능력能力 밖의 일에 대해서는 처음부터 생각지도 말라는 뜻.

종 과 득 과 종 두 득 두
種瓜得瓜 種豆得豆 씨 **종**, 오이 **과**, 얻을 **득**, 오이 **과**, 씨 **종**, 콩 **두**, 얻을 **득**, 콩 **두**

오이 심은 데 오이 나고 콩 심은 데 콩 난다

뿌린 대로 거둔다는 말. 자기가 노력한 것만큼 결과를 얻게 마련이다.

의 이 신 위 호 인 이 구 위 호
衣以新爲好 人以舊爲好 옷 **의**, 써 **이**, 새 **신**, 위할 **위**, 좋을 **호**, 사람 **인**, 써 **이**, 옛 **구**, 위할 **위**, 좋을 **호**

옷은 새 옷이 좋고 사람은 옛 사람이 좋다

옷은 새것이 좋고 사람은 오래 사귄 사람이 좋다는 뜻.

井蛙不知 海夏蟲不知氷 _{우물정, 개구리와, 아닐부, 알지, 바다해, 여름하, 벌레충, 아닐부, 알지, 얼음빙}

우물 안 개구리

우물 안 개구리는 좁은 우물 안에서만 살아서 큰 바다를 상상할 수도 없고, 여름 벌레는 추운 겨울이 있는 줄 생각조차 못 한다는 말로 소견이 좁은 것을 말한다. 시야를 넓혀야 함을 충고하는 말.

偶然去形房處 _{뜻밖에우, 그럴연, 갈거, 형벌형, 방방, 살처}

우연히 가니 감옥 있는 곳이라

죄를 짓고 달아난 곳이 바로 감옥이란 뜻으로 매우 운수가 없음을 이르는 말.

不啼之兒 其誰乳之 _{아닐부, 울제, 어조사지, 아기아, 그기, 누구수, 젖유, 갈지}

울지 않는 아이 젖 주랴

울지 않는 아이에게 굳이 젖을 줄 필요는 없다. 상대방이 필요로 하지 않는데 억지로 그 비위를 맞출 필요는 없다는 뜻. 자기주장을 펴라는 말.

對笑顔唾亦難 _{대답할대, 웃음소, 얼굴안, 침타, 또역, 어려울난}

웃는 낮에 침 뱉으랴

좋은 낮으로 상대방을 대하는 사람에게는 싫은 소리를 하기 어렵다는 말.

灌頂之水 必流足低 _{물댈관, 이마정, 어조사지, 물수, 반드시필, 흐를류, 발족, 밑저}

이마에 부은 물이 발뒤꿈치에 흐른다

윗사람이 하는 일은 아랫사람이 그대로 본뜬다는 말. '윗물이 맑아야 아랫물이 맑다'.

宿虎衝鼻 잘 숙, 범 호, 찌를 충, 코 비

잠자는 범의 코를 찌른다

잠자는 호랑이에 코침을 주어 깨운다는 말로, 공연스럽게 일을 저지른다는 뜻.

睡餘爬錯 正領之脚 잠잘 수, 남을 여, 긁을 파, 섞일 착, 바를 정, 거느릴 령, 어조사 지, 다리 각

잠결에 남의 다리를 긁는다

자신을 위하여 한다는 일이 남의 이익만 도모한 결과가 되었다는 뜻.

盲人不知死日 소경 맹, 사람 인, 아닐 불, 같을 여, 죽을 사, 날 일

장님 자기 죽을 날 모른다

아무리 뛰어난 점쟁이라도 자신의 죽을 날을 점치지 못한다. 자신이 못하는 일이 있게 마련이니 남의 도움을 빌어야 한다는 말.

盲人之睡如寤 소경 맹, 사람 인, 어조사 지, 잘 수, 같을 여, 깰 오

장님 잠자나마나

장님은 눈이 멀었기 때문에 잠을 자도 겉으론 분간할 수 없다. 무엇을 했지만 별 눈에 띄는 소득을 알 수 없다는 말.

渠所習不以與狗 도랑 거, 처 소, 익힐 습, 아닐 불, 써 이, 줄 여, 개 구

제 버릇 개 줄까

사람의 못된 버릇은 여간해서 뜯어고치기가 힘들다는 뜻.

死後藥方文 죽을 사, 뒤 후, 약 약, 모 방, 글월 문

죽은 후에 약 처방한다

이미 때가 지난 다음에 해결책을 제시하는 것.

十人之守 敵難一寇 열 **십**, 사람 **인**, 어조사 **지**, 지킬 **수**, 대적할 **적**, 어려울 **난**, 한 **일**, 도둑 **구**

지키는 사람 열이 도둑 하나를 못 당한다

여러 사람이 한 사람을 당해 내지 못하고 쩔쩔 매는 것을 말한다.

未有瓦雀 虛過搗舍 아직 **미**, 있을 **유**, 기와 **와**, 참새 **작**, 빌 **허**, 지날 **과**, 찧을 **도**, 집 **사**

참새가 방앗간을 그냥 지나가랴

참새는 모이가 있는 방앗간을 그냥 지나치지 않는다. 개인적 관심사와 이권 利權이 있는 곳이라면 그냥 지나치지 않는다는 말.

忌覺始矣 老妄旋至 꺼릴 **기**, 깨달을 **각**, 처음 **시**, 어조사 **의**, 늙을 **노**, 망녕될 **망**, 돌 **선**, 이를 **지**

철나자 망령이라

늦게 철이 들고 보니 바로 망령될 나이가 되어 버렸다는 뜻. 일찍 깨달아 열심히 살아야 된다는 뜻. '철나자 늙는다'.

草綠同色 풀 **초**, 초록빛 **록**, 한가지 **동**, 빛 **색**

초록은 동색이다

대체로 자신과 비슷한 처지에 있는 사람들끼리 어울리기 좋아하고 가까워 진다는 뜻.

隧友適江南 따를 **수**, 벗 **우**, 갈 **적**, 큰내 **강**, 남쪽 **남**

친구 따라 강남간다

아무 줏대 없이 남이 하는 대로 따라 흉내만 낸다는 뜻.

塵合泰山
진 합 태 산
티끌 **진**, 모을 **합**, 클 **태**, 뫼 **산**

티끌 모아 태산

아주 작은 것이라도 많이 모으다 보면 큰 것이 될 수 있다는 말.

仰射空貫革中
앙 사 공 관 혁 중
우러러볼 **앙**, 쏠 **사**, 빌 **공**, 꿸 **관**, 가죽 **혁**, 가운데 **중**

하늘 보고 쏘아도 과녁 맞는다

대충대충 겨냥해서 쏜 화살이 과녁에 적중하듯이 요행으로 결과가 좋을 수가 있다는 뜻.

一日之狗 不知畏虎
일 일 지 구 부 지 외 호
한 **일**, 날 **일**, 어조사 **지**, 개 **구**, 아닐 **부**, 알 **지**, 두려워할 **외**, 범 **호**

하룻강아지 범 무서운 줄 모른다

철모르고 아무에게나 함부로 덤비는 사람을 두고 하는 말.

一馬之背 兩鞍難載
일 마 지 배 양 안 난 재
한 **일**, 말 **마**, 어조사 **지**, 등 **배**, 두 **량**, 안장 **안**, 어려울 **난**, 실을 **재**

한 말등에 두 안장 지울까

말 한 마리에 안장을 둘 얹을 수는 없다는 말로 무슨 일에나 격식이 있고 정도가 있다는 뜻.

才食一匙 不救腹飢
재 식 일 시 불 구 복 기
재주 **재**, 밥 **식**, 한 **일**, 숟가락 **시**, 아닐 **불**, 건질 **구**, 배 **복**, 주릴 **기**

한술 밥에 배 부를까

한술 밥으로는 배를 채우지 못한다. 어떤 일이나 처음에는 자신이 생각한만큼 성과가 없다는 뜻.

假家柱立春
가 가 주 입 춘
거짓 **가**, 집 **가**, 기둥 **주**, 설 **입**, 봄 **춘**

헛간 기둥에다 입춘

집 대문뿐 아니라 헛간 기둥에까지도 입춘서立春書를 써 붙이는 것은 격에 맞지 않는다는 뜻.

호 사 유 피 인 사 유 명
虎死留皮 人死留名 범 **호**, 죽을 **사**, 머무를 **유**, 가죽 **피**, 사람 **인**, 죽을 **사**, 머무를 **유**, 이름 **명**

호랑이는 죽어서 가죽을 남기고 사람은 죽어서 이름을 남긴다

사람은 마땅히 살아가면서 좋은 일을 해서 죽은 뒤에도 뭇사람의 칭송을 들을 수 있어야 한다는 말.

담 호 호 지 담 인 인 지
談虎虎至 談人人至 말 **담**, 범 **호**, 이를 **지**, 말 **담**, 사람 **인**, 이를 **지**

호랑이도 제 말 하면 온다

어떤 자리에 화제에 올랐던 사람이 때마침 당도했을 때 하는 말.

곡 무 호 선 생 토
谷無虎先生兎 골 **곡**, 없을 **무**, 범 **호**, 먼저 **선**, 날 **생**, 토끼 **토**

호랑이 없는 곳에선 토끼가 스승이라

잘난 사람이 없는 곳에선 못난 사람이 잘난 체한다는 말.

3) 비슷하거나 틀리기 쉬운 한자

人 사람 인	王 임금 왕	令 하여금 령
入 들 입	玉 구슬 옥	大 큰 대
八 여덟 팔	干 방패 간	犬 개 견
上 윗 상	于 어조사 우	丈 길 장
止 그칠 지	千 일천 천	太 클 태
土 흙 토	回 돌아올 회	子 아들 자
士 선비 사	同 같을 동	孑 고독할 혈
刀 칼 도	全 온전 전	日 날 일
刃 칼날 인	仝 한가지 동	曰 가로 왈
力 힘 력	万 일만 만	夕 저녁 석
又 또 우	方 모 방	月 달 월
叉 갈래 차	己 몸 기	天 하늘 천
午 낮 오	已 이미 이	夭 요사할 요
牛 소 우	巳 뱀 사	夫 지아비 부
壬 북방 임	今 이제 금	矢 화살 시

失 잃을 실	反 돌아올 반	亨 형통할 형
先 먼저 선	友 벗 우	亭 정자 정
字 글자 자	田 밭 전	卯 토끼 묘
宇 집 우	由 말미암을 유	卵 알 란
母 어머니 모	斤 날 근	左 왼 자
毌 꿰뚫을 관	斥 물리칠 척	在 있을 재
毋 말 무	代 대신 대	未 아닐 미
本 근본 본	伐 칠 벌	末 끝 말
木 나무 목	任 맡길 임	甲 갑옷 갑
石 돌 석	仕 벼슬 사	申 납 신
右 오른 우	刊 책펴낼 간	因 인할 인
水 물 수	刑 형벌 형	困 곤할 곤
氷 얼음 빙	此 이 차	宣 베풀 선
永 길 영	北 북녘 북	宜 마땅 의
白 흰 백	比 견줄 비	戊 천간 무
自 스스로 자	加 더할 가	戍 수자리 수
巧 공교할 교	如 같을 여	戌 개 술
切 끊을 절	助 도울 조	官 벼슬 관
功 공 공	肋 갈빗대 륵	宮 집 궁
心 마음 심	句 글귀 구	客 손 객
必 반드시 필	旬 열흘 순	容 얼굴 용
改 고칠 개	勾 句와 동일	巨 클 거
攻 칠 공	享 누릴 향	臣 신하 신

師 스승 사	材 재목 재	治 다스릴 치
帥 장수 수	吸 마실 흡	冶 쇠불릴 야
旦 아침 단	汲 물길을 급	普 넓을 보
且 또 차	延 뻗칠 연	晋 나라 진
亙 뻗칠 긍	廷 조정 정	東 동녘 동
宣 베풀 선	拾 열 십	束 묶을 속
幼 어릴 유	捨 놓을 사	岐 갈림길 기
幻 변할 환	損 덜 손	歧 岐와 동일
思 생각 사	捐 버릴 연	技 재주 기
恩 은혜 은	肓 명치끝 황	妓 기생 기
戎 오랑캐 융	盲 눈멀 맹	枚 낱 매
戒 경계할 계	住 살 주	枝 가지 지
快 쾌할 쾌	往 갈 왕	肢 사지 지
怏 마음에차지 않을 앙	佳 아름다울 가	肛 똥구멍 항
	牲 住와 동일	虹 무지개 홍
折 꺾을 절	免 면할 면	紅 붉을 홍
析 쪼갤 석	兎 토끼 토	訌 어지러울 홍
拘 거리낄 구	旅 나그네 려	更 다시 갱
抱 안을 포	族 일가 족	甦 소생할 소
牡 수컷 모	施 베풀 시	卷 책권 권
牧 칠 목	旋 돌이킬 선	券 문서 권
牝 암컷 빈	灸 뜸질할 구	爪 손톱 조
村 마을 촌	炙 구울 자	瓜 외 과

衆 무리 중	苦 쓸 고	魚 물고기 어
象 코끼리 상	具 갖출 구	魯 노나라 노
科 과거 과	貝 조개 패	烏 까마귀 오
料 헤아릴 료	待 기다릴 대	鳥 새 조
明 밝을 명	侍 모실 시	項 목 항
朋 벗 붕	恃 믿을 시	頃 이랑 경
旺 왕성할 왕	弟 아우 제	賃 품팔 임
枉 굽을 왕	第 차례 제	貰 세낼 세
易 바꿀 역	拔 뺄 발	興 흥할 흥
昜 陽의 옛자	跋 밟을 발	與 더불 여
侄 어리석을 질	苗 싹 묘	逐 쫓을 축
姪 조카 질	笛 피리 적	遂 이룰 수
忽 갑자기 홀	冒 무릅쓸 모	點 점 점
忩 바쁠 총	胃 밥통 위	默 잠잠할 묵
剌 발랄할 랄(날)	冑 투구 주	遣 보낼 견
刺 찌를 자	姿 모양 자	遺 끼칠 유
喇 나팔 라	恣 방자할 자	坪 들 평
辣 매울 랄	怒 성낼 노	抨 탄핵할 평
科 과목 과	恕 용서할 서	疸 황달 달
枓 기둥 두	春 봄 춘	疽 등창 저
糸 실 사	舂 찧을 용	唆 꾀일 사
系 맬 계	柱 기둥 주	悛 고칠 전
若 같을 약	桂 계수나무 계	專 펼 부

專 오로지 전	栽 심을 재	偕 함께 해
涼 서늘할 량	裁 마를 재	楷 해서 해
凉 涼과 동일	載 실을 재	提 끌 제
俳 광대 배	截 끊을 절	堤 방죽 제
徘 배회할 배	戴 일 대	湜 물 맑을 식
茶 차 다	募 모을 모	間 사이 간
荼 씀바귀 도	暮 저물 모	閒 틈 한
雲 구름 운	鬼 귀신 귀	閑 한가할 한
雪 눈 설	蒐 모을 수	揚 날릴 양
零 떨어질 영	宵 밤 소	楊 버들 양
雰 안개 분	霄 하늘 소	淸 맑을 청
酒 술 주	商 상인 상	凊 서늘할 청
泗 뿌릴 사	啇 밑동 적	情 뜻 정
哲 밝을 철	陟 오를 척	輪 바퀴 륜
晣 밝을 절	捗 거둘 보	輸 나를 수
晰 밝을 석	涉 건널 섭	說 말씀 설
晳 얼굴흴 석	唯 오직 유	設 베풀 설
祝 빌 축	惟 생각 유	衡 저울 형
稅 부세 세	維 벼리 유	衝 부딪칠 충
栗 밤 율	閉 닫을 폐	仲 버금 중
粟 조 속	閑 한가할 한	伸 펼 신
班 나눌 반	拱 당길 공	侮 업신여길 모
斑 아롱질 반	腔 속빌 강	悔 뉘우칠 회

388

傳 전할 전	曆 책력 력	微 작을 미
博 넓을 박	堅 굳을 견	徵 부를 징
萃 모일 췌	竪 세울 수	侯 임금 후
瘁 병들 췌	城 재 성	候 날씨 후
碎 부술 쇄	域 지경 역	遝 뒤섞일 답
惴 두려워할 췌	奮 떨칠 분	還 돌아올 환
湍 여울 단	奪 빼앗을 탈	兢 조심할 긍
殼 껍질 각	斟 짐작할 침	競 다툴 경
穀 닥나무 곡	尠 적을 선	墜 떨어질 추
穀 곡식 곡	幹 줄기 간	墮 떨어질 타
毅 굳셀 의	斡 주선할 알	潑 물뿌릴 발
復 회복할 복	虜 사로잡을 노	撥 다스릴 발
複 겹옷 복	慮 생각 려	弊 곤할 폐
覆 뒤집힐 복	膚 살 부	幣 폐백 폐
兩 두 량	蘆 성 노	踏 밟을 답
雨 비 우	衙 마을 아	蹈 춤출 도
基 터 기	衛 호위할 위	箴 경계 잠
墓 무덤 묘	銘 새길 명	緘 봉할 함
埋 묻을 매	銘 깎을 락	鍼 침술 침
理 다스릴 리	閣 누각 각	撞 칠 당
貧 가난할 빈	閤 안방 합	憧 동경할 동
貪 탐낼 탐	嘔 토할 구	幢 기 당
歷 지낼 력	歐 구주 구	瞳 눈동자 동

寫 쓸 사	藉 빙자할 자	
潟 진흙 석	籍 호적 적	
瀉 물쏟을 사	孤 외로울 고	
麾 기 휘	弧 활 호	
靡 쓰러질 미	狐 여우 호	
痲 마귀 마	書 글 서	
辨 분별 변	晝 낮 주	
辦 힘쓸 판	端 끝 단	
瓣 외씨 판	瑞 상서 서	
辯 말잘할 변	給 줄 급	
艱 어려울 간	絡 이을 락	
難 어려울 난	綠 푸를 록	
獲 얻을 획	緣 인연 연	
穫 거둘 확	綱 벼리 강	
薄 얇을 박	網 그물 망	
簿 장부 부	織 짤 직	
燮 불꽃 섭	識 알 식	
變 변할 변	纖 가늘 섬	
戀 사모할 련	植 심을 식	
濾 거를 려	稙 벼 직	
攄 펼 터	熱 더울 열	
櫨 두공 로	熟 익을 숙	
爐 화로 로		

10대의 문해력을 높이는 고사성어

초판 발행　2022년 11월 10일
15쇄 발행　2023년 5월 25일

엮은이　이상기
그린이　황종익
펴낸이　김순일
펴낸곳　미래문화사
신고번호　제2014-000151호
신고일자　1976년 10월 19일
주소　경기도 고양시 덕양구 고양대로 1916번길 50 스타캐슬 3동 302호
전화　02-715-4507 / 713-6647
팩스　02-713-4805
이메일　mirae715@hanmail.net
홈페이지　www.miraepub.co.kr
블로그　blog.naver.com/miraepub

ⓒ 미래문화사 2022

ISBN 978-89-7299-551-7 (43190)

- 미래문화사에서 여러분의 원고를 기다립니다.
  단행본 원고를 mirae715@hanmail.net으로 보내 주세요.
- 이 책은 저작권법에 따라 보호받는 저작물이므로 무단 전재와 무단 복제를 금지하며,
  이 책 내용의 전부 또는 일부를 이용하려면 반드시 저작권자와 미래문화사의
  서면 동의를 받아야 합니다.
- 잘못 만들어진 책은 바꾸어 드립니다.
- 책값은 뒤표지에 있습니다.